HaffmansTaschenBuch 108

AKI KAURISMÄKI

I Hired a Contract Killer

DREHBUCH

AUS DEM ENGLISCHEN
VON
MICHEL BODMER

HAFFMANS VERLAG

Der Film wurde erstmals
am 14. September 1990
am Filmfestival von Venedig gezeigt.
Copyright © 1990 by
Sputnik Oy, Helsinki/Viana do Castelo
Standfotos von Marja-Leena Helin/Villealfa
Filmproductions Oy
Das Interview mit Bruno Fornara und Francesco Bono
wurde im Februar 1990 geführt und erschien
in der exzellenten Kaurismäki-Monographie
von Francesco Bono,
Bruno Fornara und Angelo Signorelli anläßlich des
Bergamo Film Meeting '90.

Der Verlag dankt
Christa Saredi World Sales und Erkki Astala
von Villealfa für die angenehm kulante
Zusammenarbeit.

Erstausgabe
Veröffentlicht als
HaffmansTaschenBuch 108, Frühling 1991
Konzeption und Gestaltung
von Urs Jakob
Lektorat: Juhuu Apelsinen

Alle deutschsprachigen Buch- und Abdrucksrechte vorbehalten
Copyright © 1991 by Haffmans Verlag AG Zürich
Satz: LibroSatz, Kriftel
Herstellung: Ebner Ulm
ISBN 3 251 01108 1

1 2 3 4 5 6 – 96 95 94 93 92 91

Inhalt

*Anmerkungen zum Selbstmitleid
eines Drehbuchautors*

7

I Hired a Contract Killer
Drehbuch

11

*»Jetzt habe ich zuviel geredet...
und zuviel geraucht«*
Ein Gespräch mit Aki Kaurismäki

71

*Anmerkungen zum Selbstmitleid
eines Drehbuchautors*

Ich habe dieses Drehbuch in Portugal geschrieben, in einem Turm mit drei Fenstern: Vom einen sieht man das Meer, vom zweiten die Berge und vom dritten die Küste entlang auf die nächste Stadt. Das Schreiben an sich nahm ein Wochenende im Januar 1990 in Anspruch, doch ich hatte bereits die Woche zuvor in einer benachbarten Bar verbracht, wo ich mit großer Anstrengung vieldeutige Figuren kritzelte, deren offizieller Zweck darin bestand, dem armen Drehbuchautor einige dunkle Stellen der Dramaturgie zu erhellen, die jedoch in Tat und Wahrheit einen sehr durchschaubaren Vorwand abgaben, um einerseits diese widerwärtige Arbeit aufzuschieben und andererseits ein paar Gläser ausgezeichneten portugiesischen Biers zu mir zu nehmen, wobei in diesem Zusammenhang das Super Bock hervorgehoben werden sollte (das dank seinem Wasser aus dem Norden deutlich geschmackvoller ist als das überschätzte Sagres aus Lissabon).

Es ist für mich nicht besonders interessant, vor den Dreharbeiten ein Skript zu schreiben, da ich von Natur aus faul bin; aber aufgrund der Komplexität dieser Produktion (die Sprache des Dialogs, die mir selbst eher fremd ist; eine teilweise neue Equipe; Schauspieler, die ich noch nicht kannte; Nashörner, Hämmer und Mähdrescher) sah ich mich gezwungen, mich schon zwei Monate vor den Dreharbeiten gegen die kalte Wand weißen Papiers zu werfen. Während des Wochenendes, das ich in dem Turm verbrachte, litt ich unter den gleichen peinlichen Beschwerden wie Ernest Hemingway im fortgeschrittenen Alter (und damit hört unsere

Ähnlichkeit auch schon auf), so daß jeder begreifen wird, um was für einen qualvollen Schaffensprozeß es sich hier gehandelt haben muß. Es ist nicht gut, daß der Mensch Filme mache, die so kompliziert sind, daß sie literarischer Vorarbeiten bedürfen. Im nächsten Stadium meiner Erniedrigung werde ich zweifellos anfangen, mit der Equipe wöchentliche Produktionssitzungen abzuhalten: Wir werden Dias an die Wand projizieren und einander Fotos zeigen, und auf dem Tisch stehen Kaffee und Plundergebäck. Tags darauf drehen wir dann vier Einstellungen.

I Hired a Contract Killer geht zurück auf ein Blatt Papier, das Peter von Bagh vor Jahren in unserem Büro gelassen hat und auf dem zwei Ideen festgehalten waren, die er uns zur freien Verfügung stellte. Dies ist nun die eine der beiden, nämlich, daß ein Mann einen Killer anheuert, der ihn umbringen soll, er es sich jedoch plötzlich anders überlegt. Die Dreharbeiten eines Films, die es an Langeweile durchaus mit der Arbeit eines Ladenangestellten aufnehmen können, haben immerhin den einen Vorteil, daß man, wenn nötig, die Fehler, die man selber macht, einem andern in die Schuhe schieben und die betreffende Person, nachdem man sie oder ihn tüchtig gescholten hat, zwingen kann, einem einen Drink zu spendieren, was wiederum ein ausgezeichneter Vorwand ist, um eine Szene, die eh schon hinkt, für ein paar Minuten zu unterbrechen. Der Drehbuchautor aber ist ein armer, einsamer Teufel, der ohne jeden tröstenden Beistand in Tränen des Selbstmitleids zerfließen muß; ihm ist nicht zu helfen, und gewöhnlich (etwa im vorliegenden Fall) merkt das der Zufallsleser der schwerfälligen, teilweise sogar formlosen Sprache des Resultats auch an.

Meine einzige Verteidigung ist die, daß das Drehbuch ursprünglich im schönsten Finnisch geschrieben wurde, so daß zweifellos die Übersetzer daran schuld sind, daß der Text nun beinahe durchgehend unlesbar ist, zumindest für eine Person, die in moralisch-sittlichen Belangen die sogenannt höheren geistigen Werte vertritt. Ich habe es deshalb auf mich genommen, die Verantwortlichen für die Übersetzungen aufzuspüren und sie auf grausamste Weise zu bestrafen. Zu diesem Zweck fahre ich gegenwärtig auf dem Vorderdeck eines großen Schiffes dem Kontinent entgegen. Adieu, denn die Dringlichkeit meiner Aufgabe gebietet mir, gleich einem Fasan mit gebrochener Schwinge, tief über den Dächern in die Ferne zu entfliegen.

Aki Kaurismäki
23. 9. 90, GTS Finnjet, Helsinki–Travemünde

I Hired a Contract Killer

DREHBUCH

> »Dieselben Sätze jeden Morgen,
> ohne jede Leidenschaft«
> MANNE OJANIEMI

Das vorliegende Drehbuch entspricht im wesentlichen dem Film, wie er in die Kinos kam, bringt in eckigen Klammern jedoch auch Szenen oder Szenenteile, die nur im ursprünglichen Drehbuch enthalten waren.

Außen/Innen. Londoner Wasserwerke: Registratur. Tag.

Triste Straßenszenen im Herzen Londons. An der Mauer neben dem Haupteingang der Wasserwerke prangt eine Messingplatte mit der Inschrift: Wasserwerke Ihrer Majestät.
Ein langer Flur voll von Beamten, die mit Papierstapeln vor dem Bauch hin und her laufen, und verirrten Kunden, die den Beamten auszuweichen suchen. Die ältesten Kunden scheinen hier geboren zu sein. Über einer Tür hängt ein Schild: Registratur.
Die Fläche des Saals beträgt ungefähr 60 Quadratmeter. Vom Boden bis in eine Höhe von 1.50 m sind die Wände ein schmutziges Blaugrau; darüber waren sie einmal weiß. Fünfzehn Schreibtische stehen in drei schnurgeraden Reihen. Über jedem Tisch hängt eine Neonröhre, und hinter jedem Tisch sitzt ein Beamter. Sie kratzen leise mit ihren Füllfedern, während sie sich mit den Bündeln von Akten abmühen, die sich auf ihren Tischen türmen.
Der Frühjahrssonnenschein kämpft sich durch das schmutzige Fenster in den Saal, aber seltsamerweise scheinen seine Strahlen einen Bogen zu machen um den dritten Tisch in der letzten Reihe (von der Tür aus gesehen). An diesem Tisch arbeitet Henri Boulanger, der Held unserer Geschichte. Vor kurzem war sein zweiundvierzigster Geburtstag, aber er hat ihm ebensowenig Aufmerksamkeit geschenkt wie irgend jemand sonst.
Sein Schreibtisch unterscheidet sich von den anderen nur dadurch, daß er keinerlei persönlichen Kleinkram aufweist, wie er für die anderen Schreibtische so

typisch ist: das Foto einer Ehefrau oder einer Freundin, ein meerjungfrauförmiger Brieföffner, oder ein Modell des Eiffelturms, das im Urlaub in Paris gekauft wurde (in Charles Crichtons Film *The Lavender Hill Mob* spielt so eins übrigens eine bedeutende Rolle). Im übrigen ist sein Schreibtisch die gleiche Art Schlachtfeld wie die anderen: hier wird ein aussichtsloser Krieg gegen das Papier geführt. Kaum ist Henri im Begriff, die letzte Akte zu erledigen und weiterzuleiten, schon knallt ihm einer der Boten, die durch den Saal kreuzen, eine doppelte Ladung Papier auf seinen Tisch. Nicht ein einziges Mal in den vierzehn Jahren, die er hier schon arbeitet, war Henri je die Befriedigung vergönnt, bei Feierabend einen leeren Schreibtisch zurückzulassen. Das scheint jedoch unseren Helden in keiner Weise gestört zu haben, denn seine Arbeitsmoral ist nicht von dieser Welt.

Als die Uhr, die hoch über den Köpfen der Beamten an der Wand hängt, den Beginn der Mittagspause anzeigt, stehen alle gleichzeitig auf, schieben und drängen sich zur Tür, und das plötzliche Stimmengemurmel wandert hinaus in die Flure des Büros.

Wenig später kommt Henri Boulanger mit schnellen Schritten aus dem Saal, den Kopf leicht geneigt, ohne jeden Appetit.

Innen. Der Restaurantteil eines benachbarten Pubs. Tag.

Um die Ursachen dieser Distanziertheit unseres Helden zu ergründen, müßten wir tief in seiner Vergangenheit wühlen, vielleicht bis in seine Kindheit zurück. Jedenfalls sitzt er nun allein an seinem Tisch im Restaurantteil des Pubs, vor sich ein Glas Mineralwasser und einen Teller voll mit irgendeiner Suppe. Die meisten der Männer, die wir im Büro kennengelernt haben, scharen sich um drei der Tische und schwatzen angeregt. Henri nimmt auf seine eigene, ausdruckslose Weise an der Unterhaltung teil: Ab und zu wendet er sein Gesicht den anderen zu und lächelt ein schiefes und irgendwie freudloses Lächeln, wenn er einen besonders guten Witz hört.

Innen. U-Bahn stadtauswärts. Abend.

Der U-Bahn-Wagen ist voll mit uniform gekleideten Geschäftsleuten und Beamten, die sitzend oder im Gang hin und her schlingernd versuchen, sich auf ihre Zeitung zu konzentrieren, unterwegs zum Abendbrot, das sie in ihrem Vorstadtheim erwartet, und zur wohlverdienten Ruhe vor dem morgigen erneuten Ansturm gegen die unvollendete Arbeit und einen Wall von fiesen Vorgesetzten.
Es gibt nichts, was Henri vom Rest der Menge abheben würde, außer daß er im Unterschied zu ihnen nicht in eine der zahlreichen großstädtischen Nachmittagszeitungen vertieft ist, die täglich lebenswichtige Neuigkeiten über Ereignisse in Gesellschaft und Welt berichten.

[Henri sitzt immer noch auf seinem Platz im Wagen, am Fenster in der Nähe der mittleren Türen, aber die anderen Fahrgäste haben gewechselt: Die meisten Leute scheinen direkt aus der Karibik ins Herz des Empire

gekommen zu sein. Wir könnten daraus schließen, daß Henri in Brixton oder einem anderen von Farbigen bewohnten Viertel lebt.
Dieser Gedanke wird jedoch rasch widerlegt, da die Fahrgäste bald darauf wieder gewechselt haben: Diesmal ist der Wagen voll von Vertretern der weißen Arbeiterklasse. Henri scheint hier der einzige zu sein, der eine gewisse Beständigkeit verkörpert. Aber plötzlich steigt auch er aus dem Zug, an einer kleinen Haltestelle, kurz bevor die U-Bahn aus ihren finstern Tunnels ans Tageslicht tritt.]

Außen. Vor Henris Haus. Abend.

Das kleine Haus (das in Wirklichkeit an der Ecke Portobello Road und Westbourne Park Road steht) hat drei Stockwerke: Im Erdgeschoß gibt es so was wie ein Geschäftslokal. Sein ungepflegtes Schaufenster gibt uns eine Menge irreführender Hinweise auf die Branche des Besitzers. Darüber liegen zwei weitere Geschosse mit je einer winzigen Wohnung. Der Verputz ist zu einem Grauton verblaßt und bröckelt stellenweise ab. Über der Tür, die in das schmale Treppenhaus nach oben zu den Wohnungen führt, leuchtet eine nackte Glühbirne. Im Haus gegenüber ist ein Pub namens »The Warwick Castle«.
In einem Laden kauft Henri einen vakuumverpackten kleinen Teekuchen. Dann überquert er die Straße, öffnet die Haustür und geht hinauf in seine Wohnung im zweiten Stock.

Innen. Henris Wohnung. Abend.

Die Wohnung besteht aus einem kleinen Wohnzimmer, einem noch kleineren Schlafzimmer und einer Küche, deren Größe dazwischen liegt. Aus dem Fenster sieht man die Backsteinmauer des Nachbarhauses. Die Wohnung ist nur mit dem nötigsten Mobiliar ausgestattet, das nichts Persönliches an sich hat. Alles deutet darauf hin, daß die Wohnung vor Jahren möbliert vermietet worden ist und weder Vermieter noch Mieter es jemals für nötig gehalten haben, daran etwas zu ändern.
Henri füllt einen Aluminium-Teekessel, stellt ihn auf den Gasherd und steigt dann eine schmale Leiter hoch, durch eine Luke in der Dielendecke, auf das Dach hinaus.

Außen. Auf dem Dach. Abend.

Wir sehen, daß Henri inmitten der Kamine einen Zaun um ein paar wenige Quadratmeter Dachterrasse gezogen hat. An Mobiliar gibt es einen kaputten Gartenstuhl, eine Kiste, die als Tisch dient, und ein paar Blumentöpfe.
Er nimmt die Kanne, die am Fuß des Kamins steht, und gießt seine verkümmerten Geranien, pflückt behutsam ein paar welke Blätter ab, stellt die Kanne hin und geht wieder nach unten.

Innen. Henris Wohnung. Abend.

Henri sitzt am Küchentisch, trinkt seinen Tee, ißt seinen Teekuchen und starrt dabei ins Leere. Abblende.

Innen. Londoner Wasserwerke: Registratur. Nachmittag.

An einem ganz gewöhnlichen Tag tritt einer der Boten an Henris Tisch und teilt ihm mit, daß der Chef, d. h. der Abteilungsleiter, ihn sehen will. Henri steht auf, geht auf den Flur hinaus und klopft an eine von mehreren identisch aussehenden Türen. Die Sekretärin drinnen bittet ihn zu warten. Vorsichtig setzt sich Henri auf die Kante des Stuhls neben der Tür und legt seine unnützen Hände in den Schoß. Fünfzehn Minuten später geht eine Seitentür auf, und er wird hereingewunken. Die Tür schließt sich hinter ihm.

Innen. Büro des Abteilungsleiters. Tag.

Das Büro hat einen abgewetzten Parkettboden aus Eiche und hellbraune Tapeten mit einem undeutlichen Muster. Ein metallener Aktenschrank, ein kleines Sofa und ein Schreibtisch sind das Mobiliar. Die Sekretärin stellt sich ans eine Tischende und blickt erwartungsvoll auf einen trübsinnigen, grauhaarigen, bald sechzigjährigen kleinen Mann, der hinter seinem Schreibtisch fast vollständig verschwindet. Henri Boulanger bleibt in der Mitte des Büros stehen, den Rücken zur Tür. Der Abteilungsleiter unterzeichnet das Dokument, das er gerade durchgesehen hat, faltet es vorsichtig und schneidet dann die unbeschriebene obere Hälfte mit einem Papiermesser weg. Dann öffnet er eine Schublade, legt beide Hälften des Papiers hinein, schließt die Schublade und richtet seinen unsteten Blick auf Henri.

ABTEILUNGSLEITER Wie Sie zweifellos gehört haben, hält es die Regierung für angebracht, unser Amt zu privatisieren. Diese Maßnahme wird Anfang des nächsten Monats wirksam. Die neuen Besitzer verlangen bestimmte organisatorische Veränderungen. Und deshalb ist es meine schmerzliche Pflicht, Ihnen mitzuteilen, Mr. . . .

Er wirft einen fragenden Blick zu seiner Sekretärin, die in ihre Unterlagen sieht.

SEKRETÄRIN Boulanger, Henri Boulanger.
ABTEILUNGSLEITER . . . Mr. Boulanger, daß der Abbau von Arbeitsplätzen unumgänglich ist. Sie sind kein britischer Staatsbürger, nicht wahr?
HENRI Nein. Franzose.
ABTEILUNGSLEITER Ich bin sicher, Sie verstehen, daß wir bei den Ausländern beginnen müssen.
HENRI Ich verstehe.

Ein paar Sekunden des Schweigens, das von Henri gebrochen wird.

HENRI Wann muß ich gehen?
ABTEILUNGSLEITER Da Ihre Stellung aus irgendeinem Grunde nie formell bestätigt worden ist, kommt eine Kündigungsfrist von zwei Wochen nicht in Frage.
HENRI Also sofort?
ABTEILUNGSLEITER Wenn Sie so freundlich wären.

SEKRETÄRIN Unterschreiben Sie hier, bitte.

Sie legt ein ausgefülltes Formular auf den Tisch. Henri unterschreibt, ohne es zu lesen. Der Abteilungsleiter erhebt sich und nimmt eine offene Schachtel, die in einer Ecke seines Tisches bereitsteht.

ABTEILUNGSLEITER Als Zeichen unserer Anerkennung Ihrer ...
SEKRETÄRIN Fünfzehn.
ABTEILUNGSLEITER ... fast fünfzehn Jahre treuer Dienste schenken wir Ihnen diese goldene Uhr.

Er streckt die Schachtel Henri entgegen, der gleich danach von der Sekretärin aus dem Büro geführt wird. Im Vorzimmer sitzt ein Beamter und wartet, bis er an der Reihe ist. Als er die Sekretärin sieht, steht er auf.

SEKRETÄRIN Özgentürk?
BEAMTER Ja, Madam, Ali Özgentürk.

Sein Akzent läßt keinen Zweifel an seiner Nationalität. Henri tritt hinaus in den Flur, nach einem kurzen Blick auf den großen Stapel von Schachteln voller Golduhren auf dem Tisch der Sekretärin, und fragt sich, ob man wohl daran gedacht habe, eine Ermäßigung zu verlangen, da man offensichtlich en gros eingekauft hat. Wer so viel Ware auf einmal kauft, sollte automatisch Recht auf Mengenrabatt haben.

Henri eilt in das Zimmer zurück und bleibt mit verwirrter Miene vor der Sekretärin stehen.

HENRI Die geht ja gar nicht, diese Uhr.
SEKRETÄRIN Doch, sie geht.

Innen. Londoner Wasserwerke: Registratur. Nachmittag.

Den Rest des Tages sitzt Henri im Mantel hinter seinem leergeräumten Schreibtisch, was völlig unnötig ist, aber er weiß einfach nicht, wie er gehen soll. Erst als zwei stämmige Arbeiter kommen und seinen Schreibtisch wegtragen, steht er auf und geht durch den Flur hinaus auf die Straße.

Außen. Themse: Flußufer. Nachmittag.

Zweifellos hat Henri Boulanger auch schon gemerkt, daß sein Privatleben nicht gerade das ausschweifendste der ganzen Stadt ist, aber irgendein Selbsterhaltungstrieb hat ihn vor der Erkenntnis bewahrt, daß er keinen einzigen Freund, kein Familienmitglied, keinen Verwandten besitzt, dem auch nur das Geringste an seinem Schicksal gelegen wäre. Oder etwa doch?
Er steht vor einer modernen Telefonzelle mitten auf einem trostlosen Industrieareal und blättert angespannt in seinem kleinen, flachen Adreßbuch. Abgesehen von der Rufnummer der Wasserwerke ist das einzige, was er darin findet, die Nummer von Tante Charlotta; sie ist durchgestrichen, mit einem ominösen Kreuz darüber.
Henri Boulanger klappt sein Adreßbuch zu, steckt es in die Tasche, tritt einen Schritt zurück, wirft einen schrägen Blick nach links und beschließt zu sterben.

Innen. Eisenwarenhandlung. Abend.

Von einer belebten Straße tritt Henri in eine große Eisenwarenhandlung mit Selbstbedienung und streift zwischen den Regalen umher, bis er findet, was er gesucht hat. Nach eingehendem Überlegen wählt er ein Seil, das dick genug ist, um schmerzlos, aber dünn genug, um schnell zu sein. Es ist ein ausgezeichnetes Seil: zugleich fest und geschmeidig.

VERKÄUFER Das ist gute Ware, Sir.
HENRI Drei Meter, bitte.
VERKÄUFER Drei Meter, Sir.

Innen. Wohnung der Vermieterin: Eingang. Abend.

Henri klopft an eine namenlose Tür in einem dunklen, schäbigen Treppenhaus. Die Tür wird von einer jüngeren Frau in einem verblaßten Morgenrock geöffnet, und ihre Augen verraten uns, daß sie niemals in einer von zwei weißen Stuten gezogenen Kutsche durch den Bois de Boulogne fahren wird.

HENRI Ich komme, um die Wohnung zu kündigen.
FRAU Wieso wollen Sie ... Einfach so.
HENRI Ich gehe auf Reisen ... Ich ziehe um. In einer
    Woche können Sie die Wohnung räumen. Schmeißen Sie alles weg, was noch da ist. Hier ist die Miete bis dahin.

Er reicht der Frau ein paar Geldscheine. Sie blickt auf das Geld und dann auf Henri.

FRAU Das macht mich sehr traurig.
HENRI Ja. Danke für alles.

> Er wendet sich um und steigt die Treppe zu seiner eigenen Wohnung hoch. Die Vermieterin sieht ihm nach, bis er aus ihrem Blickfeld verschwunden ist. Dann tritt sie zurück in ihre Wohnung, schließt die Tür und setzt sich auf einen schlichten Stuhl, mit einem Gesichtsausdruck, aus dem wir, wüßten wir nur wie, die Antwort auf eine Frage herauslesen könnten, die uns seit dem vorangegangenen Dialog plagt: Hat es zwischen den beiden etwas gegeben, oder ist auch das nur ein Traum von ihr, der niemals wahr geworden ist, wie ihr Leben im allgemeinen? Letzteres läßt sich an der Einrichtung des Zimmers ablesen.

Innen. Henris Wohnung. Abend.

In seiner Wohnung legt Henri den Mantel ab, geht in die Küche und macht das Paket auf, das er mitgebracht hat. Unbeholfen dreht er das eine Seilende zu einer Art Schlinge und steigt dann auf den Tisch. Nachdem er das andere Seilende an einem Haken in der Küchendecke festgemacht hat, legt er sich die Schlinge um den Hals, bekreuzigt sich, schließt die Augen und springt ins Ungewisse.
Einen Augenblick später findet er sich auf dem Fußboden wieder. Der Haken ist herausgebrochen, und der spröde Deckenverputz rieselt wie Schneeflocken in einem Schülerkrippenspiel auf Henri herab. Er steht auf, wischt sich mit der Hand den Staub von den Schul-

tern und sucht in den anderen Räumen vergeblich nach etwas, an dem er sein Seil befestigen könnte. Schließlich fällt sein Blick auf den Ofen in der Küche. Schnell, um sich nicht Zeit zum Nachdenken zu lassen, öffnet er die Ofentür, steckt den Kopf in die Röhre, grapscht mit der Hand nach dem Gashahn und dreht ihn auf. Gas zischt heraus. Henri nimmt eine bequemere Stellung ein und überläßt sich der Barmherzigkeit seines Schöpfers, doch plötzlich hört das Gas auf zu strömen. Nach einem Augenblick des Abwartens nimmt Henri den Kopf aus der Röhre, dreht an den Hähnen und klopft auf die Zuleitungen. Abblende.

Innen/Außen. Henris Wohnung. Morgen.

An einer Straßenecke steht ein schwarzer Zeitungsverkäufer, der heftig mit seiner Ware herumwedelt und die Passanten anspornt, die jüngsten Neuigkeiten vom überraschenden Streik der Gasarbeiter zu lesen. Seine Stimme wird zwei Stockwerke hoch in das kleine Zimmer getragen und weckt Henri Boulanger. Der liegt völlig angezogen auf seinem Bett, das Seil wie einen Schlips um den Hals, ein großes Küchenmesser in der Hand. Er setzt sich auf der Bettkante auf, fischt ein zerknautschtes Päckchen Zigaretten aus der Tasche, kann aber nirgendwo Streichhölzer finden. Dieses letzte, an und für sich triviale Mißgeschick scheint ihn noch mehr zu deprimieren. Nachdem er sich das Seil über den Kopf gezerrt hat, steht er auf und will aus der Wohnung gehen, macht kehrt, legt das Messer auf einen Tisch und wendet sich wieder zum Gehen.

Innen. Tea-Room. Morgen.

Er sitzt in einem kleinen Tea-Room am Fenster und blickt hinaus auf die verregnete Straße, wo Leute mit unvertrauten Gesichtern sich unter Schirme ducken und ihre eigenen Wege gehen. Er läßt die Augen über seinen unberührten Tee schweifen, zu einer Zeitung, die jemand auf dem Tisch gelassen hat, wo sein abwesender Blick an einer Schlagzeile hängenbleibt, die verkündet, daß im lateinamerikanischen Drogenkrieg auch bezahlte Killer eingesetzt werden.
Das Wort »Profi-Killer« erregt plötzlich seine Aufmerksamkeit, und um den dadurch ausgelösten Gedankengang sowie den daraus folgenden Entschluß hervorzuheben, macht die Kamera eine kleine Fahrt, die, wenn die alte Zeichensprache noch was gilt, mit einem Ruck beginnt und abrupt aufhört.

Schnittfolge: Pfandleihe, Bank, Taxistand. Nachmittag.

A. Als Henri Boulanger nach kurzem Erkundungsgang eine vertrauenswürdig wirkende Pfandleihe entdeckt hat, verpfändet er seine neue Golduhr. Er bekommt dafür eine Quittung und fünf Pfund.
B. Er geht in eine Bank. Er hebt seine ganzen Ersparnisse ab, insgesamt 840 Pfund, und löst sein Konto auf.

[Kurz vor der Abenddämmerung stattet er einem kleinen Fotostudio einen Besuch ab. Hier läßt er von sich ein Brustbild machen, und zwar für sieben Pfund. Der Preis ist durchaus anständig, gemessen an der recht hohen Qualität der Aufnahme, aber andererseits liegt das Studio ein gutes Stück von der besten Geschäftsgegend entfernt, so daß es offensichtlich gezwungen ist, die Konkurrenz mit tieferen Preisen zu unterbieten, um mithalten zu können.]

C. Henri geht zur Victoria Station. Dort mustert er aufmerksam die Taxifahrer, die auf Kundschaft warten. Als er einen ausgemacht hat, der sich aufgrund seiner ungewöhnlich verschlagenen und verdächtigen Erscheinung von den anderen Vertretern seines edlen Berufsstands abhebt, steigt Henri zu ihm ins Taxi.

Außen. East End: Honolulu Bar. Abend.

Das Taxi fährt zuerst die Whitechapel Road entlang stadtauswärts, dann in eine Seitenstraße und im Zickzack weiter durch enge, schmutzige Gassen, bis es plötzlich unter einer alleinstehenden Straßenlaterne hält. Der Fahrer zieht die Scheibe, die die Führerkabine von den Fahrgästen trennt, beiseite und fixiert Henri mit seinen kleinen blutunterlaufenen Äuglein.

FAHRER Weiter fahr ich nicht, Chef. Gehen Sie geradeaus weiter und die zweite Straße links. Da finden Sie, was Sie suchen. Macht sechs Eier für die Fahrt und zehn für die Auskunft.

Henri steigt aus und zahlt den Fahrer. Das Taxi fährt los und ist sofort aus dem Blickfeld verschwunden. Der Abend ist frostig, und Henri zieht seinen Mantel enger um die Schultern, bevor er weiter die Straße entlanggeht, die von einer Bretterwand gesäumt wird. Abgesehen vom Rattern eines fernen Zugs ist alles still. In dieser Gegend gibt es nichts als aufgegebene Lagerhäuser, herrenlose Autos und Hunde. Beim Anblick von Henri verziehen sich die Hunde in die Schatten der Seitenstraßen.

Als er gemäß den Angaben des Taxifahrers um die Ecke gebogen ist, sieht Henri plötzlich zwei schwach erleuchtete Fenster in der Dunkelheit, über denen ein grellgelbes Neonschild leuchtet: »Honolulu Bar«. Die Bar befindet sich in der linken vorderen Ecke eines leerstehenden Fabrikgebäudes. Henri tritt näher. Bald hört er Musik und die üblichen Bargeräusche aus dem Innern. Er bleibt ein paar Meter vor der Gittertür stehen, [als diese plötzlich aufgeht und ein großer Mann auf die Straße hinausfliegt und knapp vor Henris Füßen bewußtlos liegenbleibt. Henri steigt über den Mann hinweg und öffnet die Tür.]

Innen. Honolulu Bar. Nacht.

Beim ersten Hinsehen unterscheidet sich die Bar nicht wesentlich vom archetypischen Pub am Rande der Stadt, aber ein Blick auf die Kundschaft ändert alles: Im Vergleich zu diesem Gesindel sehen Tod Brownings »Freaks« aus wie die Offiziere der Coldstream Guards an der jährlichen Gartenparty der Queen. In dem kleinen Raum, der vor lauter Zigarettenrauch grau ist, gibt es nicht einen Mann, dessen Nase nicht mindestens an drei verschiedenen Stellen gebrochen ist. Die Durchschnittsgröße der Kunden beträgt etwa zwei Meter fünfzehn, und Blumenkohlohren sind schon eher die Regel als die Ausnahme.

Als Henri Boulanger eintritt und die Tür hinter sich schließt, schwinden Stimmengewirr und Gläserklirren zusehends, bis plötzlich Totenstille herrscht. Alle starren etwas ungläubig auf den kleinen Beamten, der jedem einzelnen höflich zunickt und dann durch eine Lücke in der Menge auf die Bar zugeht. Aus irgendeinem Grunde wirkt er schwarzweiß. Sowie er die Bar erreicht, bleibt er stehen, den Rücken zur Gaststube.

Henri Ein Ginger Ale.

Dann dreht er sich um und sagt in die Stille hinein:

Henri Wo ich herkomme, fressen wir Spelunken wie die hier zum Frühstück.

Die Stille währt noch ein paar Sekunden. Dann ist alles wieder beim alten. Das Stimmengewirr, das Gläserklirren und die diversen Raufereien setzen wieder ein. Henri wird eine Flasche vorgesetzt, aus der er sich ein schmutziges, angeschlagenes Glas vollschenkt. Zu beiden Seiten von ihm und erschreckend nah erscheinen zwei Kleiderschränke von Männern, die hier allerdings zum ansprechenderen Teil des Angebots gehören, und sehen ihn neugierig an.

Henri leert sein Glas zur Hälfte, steckt sich eine Zigarette an, wirft dem einen Mann einen Seitenblick zu und spricht dann direkt zu der Reihe von Flaschen, die vor ihm stehen.

Henri Ich brauche einen Killer.

Innen. Honolulu Bar: Hinterzimmer. Nacht.

Das typische Hinterzimmer einer Bar, aber als eine Art Büro eingerichtet. Sobald die kunstlederbezogene Tür zur Bar zu ist, ist es hier drin beinahe still. Henri wird in einen weichen Fauteuil gesetzt, gegenüber von einem kränklichen, dünnen Mann, der wie der Besitzer eines Krämerladens aussieht. Er trägt eine dicke Brille und einen dunklen Anzug mit Bügelfalten, die so scharf sind, daß man damit mühelos einen Laib Toastbrot schneiden könnte. Zwischen den beiden steht eine Art Rauchtisch. Die Männer, die Henri hereingeführt haben, bleiben im Zimmer und lehnen schweigend an der Tür.

MANN Der übliche Preis für einfache Fälle ist tausend Pfund pro Kopf. Politiker und Geschäftsleute machen wir nicht. Zuviel Ärger. Bezahlung in bar. Ausführung binnen zwei Wochen oder Geld zurück. Von beiden Seiten wird Diskretion erwartet. Noch interessiert?
HENRI Ja.
MANN Wen wollen Sie denn loswerden?

Aus der Innentasche seines Mantels klaubt Henri einen Umschlag hervor, legt ihn vor dem Mann auf den Tisch und beginnt sein Geld zu zählen. Der Mann öffnet den Umschlag und entnimmt ihm ein Foto. Es stellt Henri selbst dar. Henri legt das Geld auf den Tisch.

HENRI Die Adresse steht hinten drauf.

Verwundert zuckt der Mann mit der linken Schulter. Dies scheint bei ihm der Ausdruck äußerster Verblüffung zu sein. Al geht um den Tisch herum, nimmt das Foto in seine Riesenpratze und sieht Henri an.

MANN Warum tun Sie's nicht selbst und sparen sich das Geld?
HENRI Ich hab's versucht, aber ich bin zu feige.
MANN Ihre Sache. Aber wenn Sie sich's anders überlegen, denken Sie daran, uns rechtzeitig zu kontaktieren.
HENRI Das wird nicht nötig sein. Ich will sterben.

Er blickt zu dem Mann, der an der Tür steht, und wendet sich dann wieder dem Mann zu, der wie ein Krämer aussieht.

HENRI Machen es die da?
AL Wir tun dir doch nichts, Henry.

Er sieht seinen Kumpel fragend an.

AL Nicht wahr, Pete?
PETE Nein... Jetzt doch nicht, wo wir Freunde sind.
MANN Das sind brave Jungs. Wir werden den Auftrag weitervergeben.
HENRI Tun Sie's bitte schnell. Ich bin nicht so tapfer, verstehen Sie, und die Warterei könnte durchaus...
MANN Ich tu mein Bestes, keine Sorge. Es freut mich, mit Ihnen ins Geschäft gekommen zu sein. Leben Sie wohl.
AL Komm, Henry, wir geben dir einen aus.
HENRI Ich trinke nicht.
PETE Spielt das jetzt noch eine Rolle?

Innen. Honolulu Bar. Nacht.

Henri bleibt seinem Grundsatz treu und sitzt an einem Ecktisch an der Bar vor einer vollen Flasche Ginger Ale, eingekeilt zwischen Al und Pete. Seine neuen Freunde haben genug getrunken, um rührselig zu werden.

PETE Warum willst du sterben, Henry?
HENRI Aus persönlichen Gründen.
AL Aber das Leben ist doch schön ...
PETE Es ist ein Geschenk des Herrn.
AL Denk an die Blumen und die Tiere und die Vögel.
PETE Schau mal dieses hübsche Glas an, will das etwa sterben? Nie und nimmer.

Er kippt seinen Drink hinter die Binde. Henri blickt sie mit ernster Miene an.

HENRI Ihr begreift das nicht ... Ich habe meine Arbeit verloren.
AL Na und, besorg dir eine neue.
PETE Wir arbeiten doch auch nicht. Schau uns an, wir sind trotzdem glücklich. Nimm dir ein Beispiel an uns.
AL Wir wissen, wie man's lustig haben kann.
HENRI Nein ... Ich bin müde. Ich will schlafen. Lebt wohl.

Er steht auf und geht aus der Honolulu Bar.

Innen. Henris Wohnung. Tag/Abend/Nacht.

Henri sitzt in seiner Wohnung und wartet. Der Tag wird zum Abend, der Abend zur Nacht, aber nichts passiert. Henri geht zur Tür, öffnet sie und läßt sie angelehnt, um dem Killer den Zutritt zu erleichtern. Ab und zu hört er Schritte, aber jedesmal bleiben sie auf dem unteren Treppenabsatz stehen. Immer öfter geht er ans Fenster und betrachtet die erleuchteten Fenster des Pubs »The Warwick Castle« gegenüber. Hunger und Durst beginnen ihn zu plagen. Er war nicht darauf gefaßt, so lange zu warten, und hat deshalb seine gewohnten kleinen Einkäufe nicht gemacht.

Innen/Außen. Henris Wohnung. Abend.

Nachdem eine Woche vergangen ist, ohne daß sich etwas ereignet hätte, steht Henri wieder einmal an seinem Fenster und schaut hinüber zu den lockenden Fenstern des Pubs. Obwohl er schon seit sieben Jahren in seiner Wohnung lebt, hat er es noch nie für nötig gehalten, jenes Lokal zu besuchen, das gemäß seiner Weltanschauung für »andere« gedacht ist. Jetzt allerdings nimmt er Stift und Papier und schreibt folgende Mitteilung: »Bin im Pub gegenüber. Henri Boulanger«.
Er geht die Treppe zur Straße hinunter, pinnt den Zettel an die Tür, überquert die Straße und betritt den warmen, raucherfüllten Raum.

Innen. Pub »The Warwick Castle«. Abend.

Grau wie immer schreitet er zwischen den Tischen hindurch an die Bar und bestellt eine Tasse Tee, bekommt aber nur die Auskunft, daß es für Tee und Kaffee Tea-

Rooms und Cafés gebe. Dies jedoch sei ein Pub, in dem alkoholische Getränke und die wichtigsten Getränke zum Beimischen serviert würden. Zuerst macht Henri Anstalten zu gehen. Dann wird ihm allem Anschein nach die Absurdität seiner Lage bewußt: Hat er wirklich vor zu sterben, ohne je einige dieser Getränke gekostet zu haben, die für so viele seiner Mitkreaturen das ganze Leben auszumachen scheinen?

Henri Whisky, einen doppelten. Und Zigaretten.

Wie er sein Glas bekommen hat, geht er an einen Ecktisch und nippt zuerst vorsichtig, bevor er den Drink in einem Zug hinter die Binde kippt. Dann wartet er einen Augenblick. Da er keine Wirkung verspürt, holt er sich noch einen Drink und kippt auch diesen runter.

Mit einemmal ist er betrunken. Wie sonst ließe sich erklären, daß er kurz darauf eine etwas jüngere Blondine, die von Tisch zu Tisch gehend Rosen zum Verkauf anbietet und nun vor ihm stehenbleibt, fragt, ob er ihr einen ausgeben darf? Henri benimmt sich wie ein Besessener: Er sieht der Frau gar direkt in die Augen.

Henri Wie heißen Sie?
Margaret Margaret.
Henri Setzen Sie sich.
Margaret Wieso?
Henri Weil ich es will. Was trinken Sie?
Margaret Guinness.

Außen. Vor Henris Wohnung. Abend.

Halbnahe Aufnahme der Tür mit Henris angepinnter Mitteilung. Schritte nähern sich und stocken. Eine Hand in einem dunklen Lederhandschuh und der Ärmel eines dunkelblauen Popelinemantels kommen ins Bild. Die Hand reißt den Zettel von der Tür und verschwindet aus dem Bild. Gleich hören wir, wie die Schritte die Straße überqueren und verklingen.

Innen. Pub »The Warwick Castle«. Abend.

Die Frau hat ihre unverkauften Rosen zwischen sich und Henri auf die Bank gelegt. Henri scheint seit seinem ersten Schwips etwas nüchterner geworden zu sein. Offensichtlich haben sie in der Zwischenzeit über alles mögliche geredet. Die Situation wirkt irgendwie natürlich.

MARGARET Henri, warum haben Sie Frankreich verlassen?
HENRI Dort mochte man mich nicht...

Sein Blick wendet sich einen Moment lang nach innen und könnte uns, falls wir es wünschten, etwas über schmerzliche Erinnerungen verraten.

Wir sind Zeugen jenes Phänomens, das »Liebe auf den ersten Blick« genannt wird, obschon unsere Figuren bisher keine Ahnung davon haben. Immerhin läßt die Art, wie Margaret auf die Uhr blickt, um ihren Abschied zu nehmen, einigen Widerwillen erkennen.

MARGARET Jetzt muß ich aber los.
HENRI Gehen Sie nicht.
MARGARET Ich sollte aber.
HENRI Können wir ... uns wiedersehen?
MARGARET Geben Sie mir Ihre Telefonnummer, dann rufe ich Sie an.
HENRI Ich habe kein Telefon.
MARGARET Ich auch nicht. Wo arbeiten Sie?
HENRI Nirgendwo. Man hat mich gefeuert.
MARGARET Weil Sie trinken?

Sie wirft einen vielsagenden Blick auf die sechs leeren Gläser vor Henri.

HENRI Nein.

Margaret sieht dem Mann erst in die Augen, lächelt dann still vor sich hin und schreibt ihre Adresse auf einen kleinen Zettel, den Henri einsteckt.

HENRI Leben Sie allein?
MARGARET Wieso fragen Sie?
HENRI Tut mir leid ... Ich bin nicht gewohnt zu reden.
MARGARET Das hör ich.

Margaret steht auf, nimmt ihre Blumen, klemmt sie unter den Arm, beugt sich vor und gibt Henri einen zarten Kuß auf die Stirn.

MARGARET Auf Wiedersehen, Henri.

Außen. Vor dem Pub »The Warwick Castle«. Abend.

Auf dem Gehsteig vor dem Fenster des Pubs steht eine dunkle Männergestalt, deren Gesicht wir nicht sehen. Er sieht, wie die Frau aufsteht, den Mann auf die Stirn küßt und dann durch den Raum zum Ausgang geht. Dann steht auch der Mann, das Opfer, auf und geht zur Tür. Der Killer geht rückwärts aus dem Bild.
Etwas benommen tritt Henri auf die Straße, bleibt einen Augenblick stehen, versucht noch einen Blick auf Margaret zu erhaschen, aber sie ist bereits verschwunden. Henri überquert die Straße und geht zu der Tür des Hauses, wo er wohnt. Wie er den Schlüssel ins Schloß steckt, bemerkt er, daß sein Zettel weg ist, und plötzlich fällt ihm alles wieder ein. Er dreht sich um und sieht eine Gestalt dem fast völlig dunklen Haus entlang auf sich zukommen. In seiner Panik kriegt Henri die Tür fast nicht auf. Die Schritte kommen näher. Endlich schafft es Henri, ins Treppenhaus zu gelangen, und er knallt die Tür hinter sich zu.

Innen. Treppenhaus/Henris Wohnung. Abend.

Jemand bleibt vor der Tür stehen und klopft an.
Henri will nicht mehr sterben. Er rennt die Treppe hinauf und schließt sich in seiner Wohnung ein. Ein Augenblick der Stille, dann klingelt es lange und nachdrücklich. Henri geht wieder ins Treppenhaus und reißt das Kabel der Türklingel heraus.
Wieder oben, schließt er die Tür ab und wartet, starr vor Schreck. Fünfzehn Minuten schleichen vorbei, ohne daß

etwas passierte. Plötzlich hört er wieder die Schritte: diesmal auf dem Dach. Sie bleiben über dem Flur stehen. Jemand zerrt an der Dachluke herum. Die dürftige Verriegelung wird aus der Verankerung gerissen und fällt zu Boden. Henri bleibt nicht länger, um abzuwarten, wie die Dinge sich entwickeln, sondern rennt die Treppe hinunter und stracks auf die Straße hinaus.

Außen. Straße vor Henris Wohnung. Abend.

Erst an der Ecke bleibt Henri klopfenden Herzens stehen. Er blickt zurück: In seiner Wohnung brennt Licht. Eine dunkle Gestalt steht am Fenster und scheint ihn direkt anzusehen. Henri rast wieder los.

Außen. Eisenbahnbrücke. Nacht.

Nachdem er eine Weile gelaufen ist, bleibt Henri auf einer regennassen, schlecht beleuchteten Eisenbahnbrücke stehen, um zu verschnaufen. Als er seinen Blick wieder hebt, sehen wir, wie dieser von angstvoller Verwirrung erfüllt wird. Ein Mann, doppelt so groß wie Henri, steht ihm gegenüber. Sie blicken einander lange an. Ein Zug rattert unter der Brücke hindurch.

MANN Haben Sie eine Zigarette übrig?

Henri kramt langsam ein Päckchen Zigaretten aus der Tasche hervor und reicht es dem Mann. Als er sich anschickt, eine Zigarette herauszuklauben, macht Henri kehrt und rennt davon. Der Mann folgt ihm nicht.

Außen. Hotel. Nacht.

Henri steht frierend vor der Tür eines kleinen Hotels und starrt hinein. Er wühlt in seinen Taschen, findet dort aber nicht mehr als etwa zehn Pfund. Margarets Adresse gerät ihm in die Hand. Taxis sind keine zu sehen, also macht er sich zu Fuß auf den Weg.

Außen/Innen. Margarets Wohnblock. Früher Morgen.

Am Horizont beginnt es heller zu werden, wie Henri endlich einen hohen Wohnblock erblickt, der in der friedlichen Vorortszenerie wie ein Messerstich wirkt. Die Tür ist offen, und Henri steigt die Treppe hoch. Vor Margarets Tür zögert er einen Augenblick, doch dann drückt er den Klingelknopf. Es dauert eine ganze Weile, bis er hinter der Tür Geräusche und dann Margarets Stimme hört.

MARGARET Wer ist da?
HENRI Ich bin's, Henri.
MARGARET Gehen Sie weg.
HENRI Ich kann nicht.

Margaret öffnet die Tür und sieht den müden Mann an, der davor steht. Henri läuft ihr geradewegs in die Arme. Ein Kuß. Sie gehen hinein, und die Kamera versucht zu folgen, aber da wird ihr die Tür buchstäblich vor der Nase zugemacht.

Innen. Margarets Wohnung. Morgen.

Der Tag ist grau und regnerisch. Margaret steht im Morgenrock am Wohnzimmerfenster und schaut hinaus. In der Hand hält sie eine Tasse Kaffee, aber sie trinkt nicht. Henri sitzt in Hemdsärmeln an einem quadratischen Tisch in der Mitte des Zimmers. Hinter ihm ist die offene Schlafzimmertür, durch die man ein ungemachtes Bett sehen kann. Die Wohnung wirkt schlicht, jedoch nicht etwa schlampig, wenn Sie wissen, was ich meine.
Die Stimmung läßt vermuten, daß Henri soeben etwas Wichtiges gestanden hat, etwa daß er einen Berufskiller angeheuert hat, um sich umbringen zu lassen. Margaret dreht sich um und beginnt zu sprechen, wobei sie Henris Blick ausweicht; irgend etwas an dem Foto eines Landschaftsbilds von Constable, das sie sich aus einer Illustrierten ausgeschnitten und an die Wand gepinnt hat, scheint im Moment ihre Aufmerksamkeit besonders zu fesseln.

MARGARET Und jetzt ... willst du immer noch sterben?
HENRI Nein ... jetzt nicht mehr.
MARGARET Weil du mir begegnet bist?
HENRI Ja. Das hat mich umgestimmt.
MARGARET Nur wegen meinen blauen Augen.
HENRI Sind sie blau? Ja, doch, sie sind blau.

Margaret setzt sich hin.

MARGARET Na ja, die Sache läßt sich doch leicht regeln.
HENRI Wie?

MARGARET Geh zurück in die Bar und mach den Auftrag rückgängig.

Nur langsam wird Henri dieser Gedanke in seiner Schlichtheit bewußt, doch dann klärt sich sein Blick, und er lächelt beinahe.

HENRI Ein wunderbarer Einfall ... Du bist ja so klug, Margaret.
MARGARET Dein Geld kriegst du vermutlich nicht zurück, aber das ist ja wohl egal.
HENRI Nein ... Außer daß ich ...
MARGARET Das Geld für die U-Bahn leih ich dir.
HENRI Das hab ich nicht gemeint. Ich dachte nur, daß wir ... später vielleicht anfangen könnten, uns öfter zu sehen. Aber ich hab ja keine Arbeit, wie du weißt.
MARGARET Das klingt jetzt vielleicht seltsam, aber solche Dinge sind für eine Frau nicht wichtig. Geh du nur zurück in die Bar und sag die Sache ab, dann geh ich unterdessen in deine Wohnung und hol ein paar von deinen Sachen. Schließlich kennt mich der Mörder ja nicht.

Außen. Honolulu Bar. Tag.

Henri wirkt wie neugeboren, als er durch die Gassen des East End Richtung Honolulu Bar geht. Um ein Haar pfeift er im Gehen das Lied »Underneath the Apple Tree«. Wir sollten ihm jedoch diese Erregung nachsehen und uns daran erinnern, daß er zum ersten Mal verliebt ist.
Forschen Schrittes biegt er um die letzte Ecke, bloß um sehen zu müssen, daß die Honolulu Bar nicht

mehr existiert. Der ganze Häuserblock ist abgerissen worden.

Außen. Vor Henris Wohnung. Tag.

Margaret überquert die Straße, fischt den Schlüssel, den Henri ihr gegeben hat, aus der Tasche und geht hinauf in die Wohnung. Vor dem Zeitungskiosk an der Ecke nimmt ein rund fünfzigjähriger Vertreter des Typs Alec Guinness/Lino Ventura die Zeitung hoch, um sein Gesicht wieder zu verstecken.
Fünf Minuten später kommt Margaret wieder heraus, eine kleine braune Tasche in der Hand, und geht zu einer etwa zwanzig Meter weit entfernten Bushaltestelle. Der Killer faltet seine Zeitung zusammen und folgt ihr lässig. Es dauert eine ganze Weile, bis der Bus kommt. An der Haltestelle warten gut zwanzig Leute. Der Killer steht direkt hinter Margaret, in seine Zeitung vertieft. Als der Bus kommt, steigen alle ein, und der Killer nimmt, ganz seinen Gewohnheiten entsprechend, neben Margaret Platz. Da der Bus fast voll ist, kommt das niemandem seltsam vor. Abwesend wirft Margaret einen Blick auf den Mann, der neben ihr sitzt, auf seine behandschuhten Hände und die Zeitung, in der er die Comicseite zu lesen scheint. Dann wendet sie sich ab, um aus dem Fenster zu sehen, und versinkt tief in ihren Gedanken, während sie auf die vorbeiflitzenden Häuser blickt. Nach vielen Jahren scheint auch sie in ihrem Leben etwas Neues entdeckt zu haben. Sie lächelt vor sich hin, aber worüber, werden wir nie erfahren.

Außen/Innen. Margarets Wohnblock. Tag.

An der Harrow Road entschuldigt sich Margaret bei dem Mann neben ihr und steigt aus. Sie bemerkt nicht, daß der Mann ebenfalls aussteigt. Ihr Wohnblock liegt etwa 200 Meter von der Haltestelle entfernt. Der Mann gibt ihr gut fünfzig Meter Vorsprung und schlendert darauf in dieselbe Richtung. Sowie Margaret das Haus betreten hat, beschleunigt er seine Schritte und tritt ins Treppenhaus, kurz nachdem der Lift abgefahren ist. Über der Lifttür ist eine Anzeige, die erkennen läßt, in welchem Stockwerk der Lift sich gerade befindet. Wie er gesehen hat, daß der Lift im elften Stock stehengeblieben ist, steckt sich der Mann eine Zigarette an und geht dann entspannt zur Bushaltestelle.

Außen/Innen. Wohnung des Killers. Nachmittag.

Der Killer öffnet ein rostiges Tor zu einem Innenhof und geht an äußerst leerungsbedürftigen Mülltonnen vorbei zur Tür eines niedrigen, verwahrlosten Hinterhauses, öffnet sie und tritt ein.
Das Zimmer ist niedrig und düster und riecht muffig; das einzige Fenster geht in eine Richtung, aus der die Sonne niemals scheinen wird. Der Mann setzt sich, immer noch im Mantel, auf die Kante eines ungemachten Betts, steckt sich eine weitere Zigarette an und starrt einen Augenblick vor sich hin. Plötzlich steht er auf und geht an eine Kommode in der Zimmerecke. Unter der Papierauskleidung der obersten Schublade holt er einen braunen Umschlag hervor, den er auf einen Tisch voll mit schmutzigem Geschirr und Speise-

resten legt. Er nimmt ein Bündel Geldscheine und ein Foto von Henri aus dem Umschlag. Nachdem er dem Bündel gut zwanzig Pfund entnommen hat, versteckt er den Umschlag wieder in der Schublade.
Plötzlich wird der Mann von einem fürchterlichen Hustenanfall geschüttelt, unter dem er sich beinahe zusammenkrümmt. Es gelingt ihm, ein dreckiges Taschentuch aus der Tasche zu fischen und es sich auf den Mund zu drücken. Wie der Anfall vorbei ist, geht der Mann zum Fenster und untersucht das Taschentuch geradezu neugierig. Auf dem Tuch sind große, dunkle Blutflecken. Mit leicht unzufriedener Miene steckt der Mann das Taschentuch wieder ein, tritt an sein Bett und holt unter dem Kopfkissen eine altmodische Pistole hervor, einen Schalldämpfer und eine Schlinge aus Klavierdraht mit gepolsterten Handgriffen. Nachdem er sein Handwerkszeug in die Taschen gesteckt hat, geht der Mann hinaus und schließt hinter sich die Tür, just in dem Augenblick, da sich der Nachmittag in den Abend verwandelt.

Innen. Margarets Wohnung. Abend.

Henri und Margaret spielen Poker, mit Streichhölzern als Einsatz. Nach dem riesigen Haufen vor Margaret zu schließen, wo auch eine fast abgebrannte Kerze steht, hat sie die meiste Zeit gewonnen. Beide konzentrieren sich auf das Spiel, und keiner sagt ein Wort, bis Henri nach einer neuen Zigarette tastet und merkt, daß das Päckchen leer ist. Er steht auf, nimmt seinen Blazer von der Stuhllehne und wühlt vergeblich in den Taschen. Er blickt Margaret fragend an.

Henri Du hast nicht zufälligerweise ...
Margaret Du rauchst eh schon zu viel, Henri.
Henri Wenn du das wirklich meinst, dann hör ich morgen damit auf, aber ...
Margaret Um die Ecke ist ein Laden.
Henri Die Karten nehm ich mit.
Margaret Wieso?
Henri Weil ich dir nicht traue.

> Er nimmt die Karten vom Tisch und steckt sie in die Tasche. Dann nimmt er seinen Mantel und geht zur Tür. Dort dreht er sich um und betrachtet die Frau voller Leidenschaft.

Henri Der Abschied fällt mir so schwer.
Margaret Willst du, daß ich mitkomme?
Henri Nein, die Trennung macht, daß du mich vermißt, und das ist gut.
Margaret Geh jetzt.

> Henri öffnet die Tür und tritt ins Treppenhaus. Der Lift ist auf ihrem Stockwerk. Er geht in den Lift und drückt den Knopf fürs Erdgeschoß.

Innen. Margarets Wohnblock. Abend.

Währenddessen öffnet der Killer unten die Haustür, tritt ins Treppenhaus und blickt auf die Anzeigetafel des Lifts. Der Lift fährt abwärts. Der Killer steckt die Hände in die Taschen und geht die Treppe hinauf. Als er den zweiten Stock erreicht, kommt der Lift im Erdgeschoß an, Henri geht auf die Straße hinaus und verschwindet. Der Killer hört seine Schritte, achtet jedoch nicht darauf und steigt weiter die Treppe hinauf. Im vierten Stock hält er inne, um zu verschnaufen, im siebten ebenfalls.

Endlich erreicht er das elfte Stockwerk, wo es zwei verschiedene Wohnungstüren gibt. An der einen steht vermutlich der Name Griffith, an der anderen etwas anderes. Er drückt die Klingel der letzteren.

Innen. Margarets Wohnung. Abend.

Margaret steht auf und öffnet die Tür. Ein ihr unbekannter, abweisend aussehender Mann tritt mit vorgehaltener Pistole ein, drängt Margaret kalt zur Seite und schließt hinter sich die Tür. Er schenkt der entsetzten Frau keine Beachtung, sondern geht durch das Zimmer an die Schlafzimmertür, öffnet sie, blickt hinein, dann ins Badezimmer und stellt sich schließlich vor Margaret auf.

MARGARET Er wohnt nicht hier.
KILLER Hinsetzen.

Ohne die Wirkung seiner Empfehlung abzuwarten, stößt der Mann Margaret in einen Sessel und setzt sich auf das kleine Sofa gegenüber, so daß er gleichzeitig die Frau und die Tür im Auge behalten kann.

KILLER Wer wohnt nicht hier? Woher wissen Sie, wen ich suche?
MARGARET Weiß ich gar nicht, ich wohne hier allein. Gehen Sie, sonst ruf ich die Polizei.
KILLER Ein bißchen schwierig ... ohne Telefon. Der kommt bald wieder. Ich warte solange.

Innen. Laden um die Ecke. Abend.

Die Verkäuferin wickelt einen Strauß Nelken ein für Henri, der mit dem Geld in der Hand auf der anderen Seite des Tresens wartet. Er hat offensichtlich beschlossen, von Anfang an einen guten Eindruck auf Margaret zu machen, und irgendwo hat er gelesen, daß ein gelegentlicher Blumenstrauß zu diesem Zweck nie schaden kann.

Innen. Margarets Wohnung. Abend.

Begreiflicherweise hat sich zwischen Margaret und dem Killer keine Unterhaltung entsponnen. Der Mann hat wieder einen leichten Hustenanfall durchgemacht und ist danach reglos sitzengeblieben und blickt dem Lauf seiner Pistole entlang starr auf den Fußboden. Margaret versucht in ihrer Panik so gut wie möglich nachzudenken. Immer wieder bleiben ihre Augen an einer schweren Vase auf dem Schreibtisch zwischen ihnen hängen, aber die Entfernung ist zu groß, als daß sie etwas wagen könnte.
Aus dem Treppenhaus hört man das Geräusch des näherkommenden Lifts. Er hält in ihrem Stock an; die Tür öffnet sich und schließt sich wieder; Schritte, die vor ihrer Wohnung stehenbleiben. Der Killer richtet seinen ausdruckslosen Blick auf die Tür. Wie es klingelt, passiert alles sehr schnell: Der Mann holt den Schalldämpfer aus der Tasche, schraubt ihn fest, steht auf und geht zur Tür. Gleichzeitig greift Margaret nach der Vase, steht auf, tritt hinter den Mann, und in dem Augenblick, da er die Pistole in die linke Hand

genommen und den Türknauf ergriffen hat, haut sie ihm mit aller Kraft die Vase auf den Hinterkopf. Ohne einen Laut von sich zu geben, sackt der Mann zu Boden. Die Vase hat nicht ganz genau getroffen, ihren Zweck aber dennoch erfüllt. Margaret klemmt ihren Mantel, ihre Tasche und Henris Mantel unter den Arm, macht die Tür auf und schiebt den verblüfften Henri geradewegs in den Lift zurück.

MARGARET Wir sollten jetzt besser gehen.

> Die Wohnungstür bleibt offen. [Nach einem kurzen Augenblick regt sich der Mann ein wenig, rappelt sich mühsam auf, hebt seine Pistole auf, steckt sie ein und geht ans Fenster. Nachdem er wieder etwas Blut in sein zunehmend dreckiges Taschentuch gehustet hat, geht er zur Tür, knipst das Licht aus und schließt die Tür hinter sich. Das Zimmer bleibt dunkel und erspart uns die Mühe und die Kosten einer im Labor erzeugten Abblende.]

Innen. Hotel: Empfang. Abend.

Das Hotel, in dessen Halle Margaret und Henri kommen, hat schon bessere Zeiten erlebt. Der einzige Stern, der irgendwann mal unter dem Schild prangte, hat sich im Lauf der Jahre abgelöst und ist auf den Gehsteig gefallen, von wo ihn der Regen vermutlich in einen Gully gespült hat. Eine abgebrannte Kippe baumelt vom Mundwinkel eines dünnen Mannes, der am Empfang steht. Sie ist nicht das einzige, was in ihm erloschen ist, aber er ist seinen Pflichten immerhin so weit gewachsen, daß er dem Paar zwanzig Pfund im voraus abknöpft und Margaret einen Schlüssel in die Hand drückt, der sich für archäologische Ausgrabungen eignen würde. Nachdem er eine Geste gemacht hat, deren Zweck darin besteht, auf die Treppe zu deuten, konzentriert sich der dünne Mann wieder auf seine Zeitschrift, deren Titelseite Toto-Tips verspricht, nach dem Grundsatz: »Sie können unmöglich verlieren«.

Innen. Hotelzimmer. Nacht.

Margaret stellt die welken Blumen in eine mit Wasser gefüllte Karaffe, die sie irgendwo aufgestöbert hat. Henri sitzt im einzigen Sessel des billigen Zimmers und sieht ihr zu.

MARGARET Ich hab mich noch gar nicht für die Blumen bedankt.
HENRI Gefallen sie dir?... Ich hab noch nie welche gekauft. Die Wahl war schwierig, aber die Verkäuferin hat mir geholfen.
MARGARET War es die dunkle?
HENRI Wer?
MARGARET Die Verkäuferin.
HENRI Ich kann mich nicht erinnern. Ich habe nicht darauf geachtet. Wieso?
MARGARET Ach, nur so. Du mußt zur Polizei gehen.
HENRI Was soll ich denen sagen?
MARGARET Sag ihnen, daß du einen Killer angeheuert hast und daß du's dir jetzt anders überlegt hast... Das heißt, das klingt wohl nicht so besonders...

Henri starrt Margaret mit einem seltsamen Glanz in den Augen an. In der Ferne grollt der Donner.

Douglas Sirk dreht sich lautlos im Grab um, als beide einen Schritt aufeinander zu machen und aufs Bett fallen. Später wirft nur der Mond sein Licht auf den Schauplatz.

MARGARET Du bist verrückt, Henri.
HENRI Ich kann nicht anders.

Innen. Sprechzimmer einer Arztpraxis. Tag.

Der Killer sitzt im Sprechzimmer eines Arztes. Hinter dem Schreibtisch sitzt ein Mann, der einer traurigen Ratte ähnelt. Er trägt ein paar Haare in die Stirn gekämmt und einen weißen Arztkittel. Der Arzt betrachtet eine Röntgenaufnahme vor einem geräuschvoll flackernden Neonlicht. Aus der Einrichtung des Zimmers kann man schließen, daß es sinnlos wäre, seine Kundschaft in den Seiten von Debrett's [Handbuch der englischen Aristokratie] zu suchen.
Der Killer hat sein Hemd wieder zugeknöpft und sein Jackett angezogen. Seufzend steht er auf, geht um den Schreibtisch herum, zieht die oberste Schublade auf und holt eine angebrochene Flasche Scotch heraus. Nachdem er zwei schmutzige Gläser damit gefüllt hat, nimmt er seines, tritt damit an das Fenster, das hinter den Jalousien verborgen ist, und läßt den Whisky langsam in seinem Glas herumschwappen.

KILLER Schieß los, Frank.
FRANK Was willst du hören?
KILLER Die Wahrheit.
FRANK Die ist nicht sehr schön.
KILLER Wieviel bleibt mir noch?

Der Arzt nimmt sein Glas und kippt es sich so heftig hinter die Binde, daß ein Teil des Whiskys aus seinen Mundwinkeln rinnt.

FRANK Ich muß erst noch eine Biopsie machen und ...

Der Killer tritt zu dem kleinen Mann, packt ihn mit einer Hand am Kragen und hebt ihn hoch.

KILLER Wieviel?
FRANK Ein Monat ... bestenfalls zwei.

Der Killer läßt ihn los, und der Mann sackt auf dem Sofa zusammen. Der Killer geht wieder ans Fenster und spricht fast zu sich selbst.

KILLER Müßte reichen.
FRANK Wofür?
KILLER Ich stecke mitten in einem Auftrag. Einen Teil des Gelds habe ich schon ausgegeben.
FRANK Glaubst du an Gott, Harry?
KILLER Weiß nicht. Warum fragst du?
FRANK Weil, wenn nicht, dann gibt es auch keine Hölle.
KILLER Man nimmt, was man kriegen kann.

Innen. Hotelzimmer. Tag.

Henri Boulanger ist unruhig. Er geht im Hotelzimmer auf und ab, verstört wie ein Kaninchen in der Falle. Margarets wegen plagt ihn sein Gewissen, weil er arbeitslos, abgebrannt und insgesamt nutzlos ist. Wieder einmal verflucht er den Tag, an dem er geboren wurde, besinnt sich jedoch anders, als ihm plötzlich Margaret und ihre Rosen einfallen. Um wenigstens irgend etwas an der unerträglichen Lage zu ändern, nimmt er seinen Mantel und geht hinaus.

Außen. Straße. Tag.

An der Hoteltür späht Henri nach links und nach rechts, bevor er sich ins Freie wagt. Da er sich inkognito bewegen will, was den Killer betrifft, bleibt er am ersten Kiosk stehen und kauft sich eine billige Sonnenbrille, hinter der er seine angstvollen Augen versteckt, die ihn verraten könnten. Wie Henri schon sagte, ist er kein sehr tapferer Mensch.

Außen/Innen. Pub »The Red Lion«. Tag.

Nachdem er eine Weile ziellos durch die Straßen geirrt ist, betritt Henri ein Pub namens »The Red Lion«, aus dem Musik dringt. Er bestellt ein Glas Mineralwasser und bleibt an der Bar stehen; beim Trinken sieht er einem jungen Mann zu, der in der Nähe der Tür singt und Gitarre spielt. Der Mann wäre bestens geeignet als Elvis-Darsteller in einem mittelmäßigen amerikanischen Film. Die Türen zur Straße stehen offen, und der ewige Widerspruch zwischen dem Alltagsleben auf der Straße und dem oberflächlich poetischen Zauber der Bar, der jeden Zecher immer wieder zu faszinieren vermag, ist auf den Punkt gebracht.
Henri jedoch interessiert sich nicht im geringsten für Philosophiereien dieser Art. Er hat plötzlich Al und

Pete erblickt, seine Bekannten aus der Honolulu Bar, die am anderen Ende des langen Tresens stehen. Im gleichen Augenblick stellen Al und Pete entschlossen ihre Gläser hin und gehen hinaus auf die Straße. Zehn Schritte hinter ihnen tritt auch Henri ins Freie und sieht gerade noch, wie sie an der Ecke in einem Juweliergeschäft verschwinden. Ohne auch nur kurz zu überlegen, eilt Henri den Männern hinterher.

Innen. Juweliergeschäft. Tag.

Henri betritt das Geschäft. Al steht hinter dem Ladentisch und hält einem alten Juwelier den Lauf einer kleinen Pistole dicht an den Hinterkopf. Der Mann kniet auf dem Fußboden und ist dabei, einen Wandtresor aufzuschließen. Am anderen Ende des Tresens schaufelt Pete Uhren und Schmuck aus den Schaukästen in einen schwarzen Stoffbeutel. In dem Augenblick, da Henri den Laden betritt, öffnet der Juwelier den Tresor, und irgendwo außerhalb des Geschäfts geht eine Alarmglocke los. Al und Pete drehen sich um und sehen Henri an. Der Juwelier bewegt sich erstaunlich schnell: Er dreht sich um und packt Als Hand, die die Pistole hält. Bei ihrem Handgemenge löst sich ein Schuß, und die Kugel trifft den Juwelier in die Brust. Pete stößt einen obszönen Fluch aus und rennt zur Tür, den Beutel in der Hand. Al springt über den Ladentisch, drückt Henri, der immer noch mitten im Raum steht, die Pistole in die Hand und folgt seinem Partner. Gelähmt starrt Henri zuerst auf die Pistole in seiner Hand, dann auf den Juwelier, der auf dem Fußboden liegt und auf dessen Brust sich langsam ein Blutfleck ausbreitet. Henri hört ein Summen von der Decke, dreht sich um und sieht direkt in das Objektiv einer Überwachungskamera, das sich äußerst langsam seinem Gesicht hinter der dunklen Brille zu nähern scheint. Die Alarmglocke schrillt immer noch. Leute scharen sich um das Geschäft. Plötzlich setzt sich Henri in Bewegung, öffnet die Hintertür des Geschäfts und läuft auf den Hinterhof hinaus. Er schmeißt die Pistole in eine Mülltonne und verschwindet in einer Seitenstraße.

Außen. Zeitungskiosk. Abend.

Ein Zeitungslieferwagen bremst auf der Höhe eines Kiosks ab, der Beifahrer schmeißt ein Bündel Abendzeitungen heraus, ein alter Mann hebt es auf den Tresen, schneidet die Schnüre durch und entfernt die Verpackung, um die Schlagzeile JUWELIER KÄMPFT UM SEIN LEBEN zu enthüllen, die die ganze Breite der Titelseite einnimmt. Darunter, etwas kleiner gesetzt: »Räuber immer noch auf freiem Fuß«, und daneben Henris Foto, von oben aufgenommen, wie er mit seiner dunklen Brille, die Pistole in der Hand, im Juweliergeschäft steht und direkt in die Kamera glotzt. Unter dem Foto steht die Legende: »Wo ist dieser Mann? Einer der Räuber von der Whitechapel Road.«

Innen/Außen. Schnellimbißlokal. Abend.

Mit Hilfe einer altmodischen Überblendung finden wir die gleiche Titelseite vor einem Mann, der sich in einem schmuddeligen Schnellimbißlokal über einen Tisch beugt. Das kleine Restaurant ist fast voll. Die Tür geht auf, und herein tritt Margaret mit einem Strauß Rosen in der Hand. Widerwillig geht sie damit von Tisch zu Tisch und bliebt schließlich neben dem Mann stehen, der sich über die Zeitung beugt.

MARGARET Rosen für Ihre Frau, Sir?

Der Mann blickt auf zu Margaret. Sie erkennt den Killer ebensoschnell wie er sie. Der Mann steht auf.

KILLER Nein danke, Miss.

Er dreht sich um und geht durch eine Tür hinter ihm auf die Straße hinaus. Der Regen scheint noch heftiger niederzuprasseln. Ermattet läßt sich Margaret auf den Stuhl sinken, um plötzlich zu merken, daß ihr von der Titelseite der Zeitung ein Foto von Henri entgegenblickt. Hastig liest sie die Bildlegende und eilt dann hinaus, dem Killer hinterher. Der steht im Regen unversehens vor ihr, so daß sie ihm beinahe in die Arme fällt.

KILLER Wo ist er?
MARGARET Ich weiß es nicht ... Ich dachte, Sie wüßten es.

Der Mann packt sie fest am Handgelenk.

MARGARET Hören Sie ... Er will nun doch nicht sterben ...
KILLER Keiner will das, aber sterben muß er.

Der Ausdruck in den Augen des Mannes ist krank, glasig. Umsonst versucht Margaret ihre Hand loszureißen.

MARGARET Lassen Sie los, sonst schrei ich.

Sie sagt es so laut, daß die Passanten sich nach ihr umdrehen. Langsam löst der Mann seinen Griff. Margaret tritt auf die Straße und erwischt ein Taxi.

Außen/Innen. Hotel. Nacht.

Margaret kommt den Gehsteig entlang, einen Bund unverkaufter Rosen unter dem Arm, und betritt den schlecht erleuchteten Eingang des Hotels. Im Foyer reicht ihr der Mann am Empfang in seiner spröden Art den Schlüssel sowie eine Nachricht. Margaret sieht besorgt aus, wie sie die Treppe zu ihrem Zimmer hinaufgeht, die Tür öffnet und schließt und sich in den Sessel setzt, um die Nachricht zu lesen.

[Der Inhalt des Briefs lautet: »Liebste Margaret, ich bin in einen neuen Haufen Schwierigkeiten geraten, in den mich mein Gewissen dich nicht hineinziehen läßt. Glaube die Lügen nicht, die die Leute wahrscheinlich über mich verbreiten werden, ich bin unschuldig. Aber mein ganzes Leben war ein Irrtum, den du nun vergessen mußt. Ich meinerseits habe das bereits getan. Wir werden uns nicht wiedersehen. Herzlichste Grüße, Henri.«]

Nachdem sie den Brief zu Ende gelesen hat, läßt sie ihn fallen, vergräbt das Gesicht in den Händen und fängt fast lautlos an zu weinen.

Außen. Eisenbahnbrücke. Nacht.

[Henri steht unter einer Brücke, dicht am Rand des Flußufers, und starrt ausdruckslos in das kalte, schwarze Wasser, das träge dem verschmutzten Ozean entgegenfließt. Die Nacht ist nahezu sternenlos, aber ab und zu reißen die Wolken auf und enthüllen einen Moment lang den Mond. Gerade als Henri sich anschickt, ins Wasser zu springen, hört er hinter sich eine Stimme.

Polizist Kalte Nacht, Sir.

Henri schreckt auf und dreht sich um. Hinter ihm steht ein fröstelnder Polizist, der völlig unnötigerweise seinen Knüppel kreisen läßt.

Polizist Dies ist eine rauhe Gegend. Sie sollten nicht spazierengehen hier um diese Zeit.
Henri Stimmt, das sollte ich besser nicht ... Gute Nacht.

Mit verstörter Miene entfernt er sich und verschwindet in den Schatten.]

Weit unten kann man drei glänzende Schienenpaare erkennen. Man hört einen Zug näherkommen. Henri steigt auf das Geländer, hält sich hinten mit der Rechten am Maschendraht und späht in die Richtung des nahenden Zuges. Der Zug kommt angesaust. Henri kneift die Augen zu, und seine Finger lockern langsam ihren Griff am Drahtzaun. Der Zug pfeift und verlangsamt seine Fahrt.

Innen. Pub. Abend.

In einem lärmigen Pub sitzt Margaret in Gedanken versunken allein an einem Ecktisch. Aus der Jukebox singt Roy Brown »Trouble at Midnight«. Margaret legt ihre Zigarette hin, trinkt ihr Glas aus, nimmt ihren Mantel und geht aus dem Bild.

Innen. Hotel: Foyer. Abend.

Mit verzweifelter Miene betritt Margaret das Foyer des Hotels. Sie bittet den Mann von der Rezeption, in dessen Mundwinkel die Kippe in alle Ewigkeit zu stecken scheint, um ihren Schlüssel. Statt ihr den Schlüssel zu geben, blickt sie der Mann aufmerksam an.

MANN Ich weiß, was Sie von mir halten. Sie halten mich für ein unhöfliches, unmenschliches und kaltes Subjekt. Portiers, Polizisten und die Leute von der Rezeption sind allen verhaßt. Sie, Fräulein, meinen, ich tauge zu nichts. Sie glauben, ich sehe nichts oder ich begreife nichts.
Sie suchen nach Ihrem Typen.
Ihm da.

Er zieht eine Zeitung hervor mit Henris Foto auf der Titelseite und läßt sie vor Margaret auf den Tresen fallen. Sie blickt ihn müde an.

MARGARET Geben Sie mir bitte meinen Schlüssel. Oder wollen Sie, daß ich Sie wirklich hasse?
MANN Sie kriegen ihn schon, ihren Schlüssel.
Ich weiß, wo Ihr Typ ist. Heute hab ich ihn gesehen, wie ich auf dem Friedhof von Hampstead das Grab meiner Mutter besucht hab . . .

Die Kamera wendet sich der Scheibe in der Eingangstür zu, wo das ruhige, regenüberströmte Gesicht des Killers zu sehen ist. Er kann nicht hören, was der Mann von der Rezeption Margaret erzählt, aber etwas davon hat er mitbekommen. Als Margaret schließlich ihren Schlüssel bekommt und beinahe im Laufschritt die Treppe hinaufeilt, öffnet der Killer die Tür, tritt ins Foyer und geht auf den Mann von der Rezeption zu. Auf dessen Gesicht malt sich langsam die Furcht vor etwas, das wir nicht zu sehen kriegen.

Innen. Hotel: Zimmer & Foyer. Abend.

In ihrem Zimmer bürstet Margaret hastig ihr nasses Haar und zieht trockene Kleider an. Sie ist so aufgeregt, daß sie sich, wie sie durchs Foyer zur Tür flitzt, keine Gedanken darüber macht, wohin wohl der Mann von der Rezeption verschwunden ist.

Außen/Innen. Imbißstube. Nacht.

Angebaut an die Mauer des Friedhofs von Hampstead ist eine Imbißstube mit einem handgeschriebenen Schild: »Vic's Französische Hamburger, Hot Dogs, Kaffee und Bier«. Die Umgebung ist unbewohnt und trostlos, aber aus dem Fenster des Lokals ergießt sich blasses Neonlicht in den anhaltenden Regen.
Ein Taxi taucht aus der Dunkelheit auf und bleibt vor der Imbißstube stehen. Margaret steigt aus und bezahlt den Fahrer. Das Taxi fährt weg. Margaret betritt die

Imbißstube durch eine türkisfarbene Schwingtür, deren Glasscheiben milchiger Kunststoff ersetzt. Drinnen sitzt kein einziger Gast, aber hinter der Theke steht ein Mann um die Fünfzig mit einem üppigen Wanst, einem ärmellosen Unterhemd, einer Schürze um den Bauch und einer filterlosen Zigarette im Mundwinkel. Er blickt Margaret fragend an. Sie ist an der Tür stehengeblieben und sieht sich um, als suche sie etwas.

MANN Was darf's denn sein, Gnädigste?

Margaret sieht enttäuscht aus. Langsam läßt sie sich an einem Tisch beim Fenster nieder.

MARGARET Einen Hamburger und Kaffee.

Der Mann öffnet eine Durchreiche in der Rückwand des Lokals und brüllt hindurch.

MANN Hamburger, bitte! Und Kaffee.

Er nimmt eine Tasse und schenkt Kaffee ein.

Ein Zeitsprung von zwei Minuten.

Margaret trinkt schweigend ihren Kaffee, und der Mann hat seine Aufmerksamkeit einer zerfledderten Zeitschrift zugewandt, als die Küchentür aufgeht und Henri heraustritt, in der Hand einen Teller, auf dem ein jämmerlich aussehender Hamburger inmitten von halb verbrannten Zwiebelringen ruht. Margaret blickt auf, als Henri mit einem traurigen Lächeln auf sie zukommt.

HENRI Ihre Bestellung, Miss.

Er stellt den Teller auf den Tisch und setzt sich ihr

gegenüber auf einen Stuhl. Sie haben einen sogenannten Blickkontakt hergestellt.

Innen/Außen. Hinterzimmer der Imbißstube. Morgen.

Die Sonne ist am Morgenhimmel aufgegangen, als Henri sich behutsam auf der Bettkante aufsetzt, um Margaret nicht zu wecken. Das Bett steht in der Ecke eines wenige Quadratmeter großen Hinterzimmers, eingepfercht zwischen Kisten voll Bier und Sprudel und Gerümpel. Henri steckt sich eine Zigarette an, steht auf, öffnet die Hintertür und tritt ins Freie. Die Imbißstube ist direkt in die Friedhofsmauer eingebaut, so daß die Hintertür geradewegs auf den Friedhof hinausführt, neben einem Wartungsgebäude und einem Geräteschuppen. Die Morgensonne läßt die Schatten der Kreuze sich friedlich ausstrecken. Henri setzt sich auf eine Bank und lehnt seinen Rücken an die Mauer. Ringsumher ist alles still.
Er hat die Zigarette zur Hälfte geraucht, als Margaret aus der Tür tritt, einen Blick auf den Friedhof wirft und sich dann neben Henri setzt. Einen Moment lang sagt keiner etwas. Dann sieht Margaret Henri an.

MARGARET Du hättest mich nicht verlassen sollen, Henri.
HENRI Ich hätte gar nie zur Welt kommen sollen.
MARGARET Laß uns fortgehen. Zusammen.
HENRI Wohin?
MARGARET Frankreich.
HENRI Nein, dahin nicht.

MARGARET Als erstes nach Frankreich, dann woanders hin.
HENRI Was ist mit dem Zoll?
MARGARET Keiner wird dich erkennen. Das Foto war so mies.
HENRI Willst du deine Heimat verlassen?
MARGARET Die Arbeiterklasse kennt kein Vaterland.
HENRI Also gut.
MARGARET Wir reisen heute abend ab. Ich geh jetzt und pack ein paar von meinen Sachen und besorg die Fahrkarten. Wir treffen uns um neun am Bahnhof.

Henri nickt nachdenklich und starrt vor sich hin. Der Friedhof ist ruhig, abgesehen von einem einsamen Totengräber, der sich ein paar hundert Meter weit entfernt an einem kleinen Hügel zu schaffen macht.

Außen/Innen. Polizeiwache. Nachmittag.

Ein Gefängniswagen hält vor einer Polizeiwache an. Mit Handschellen aneinander gefesselt werden Al und Pete vor den diensthabenden Beamten geführt. Einer der Polizisten, die sie begleiten, deponiert auf dem Schreibtisch einen offenen schwarzen Beutel, in dem man eine Ansammlung von Uhren und Schmuck erkennen kann.

POLIZIST Man hat sie geschnappt, wie sie das hier verhökern wollten.

Innen. Wohnung des Killers. Nachmittag.

Der Killer liegt ausgestreckt auf seinem Bett, raucht eine Zigarette und starrt an die Decke. Ein junges, etwa sechzehnjähriges Mädchen spült Geschirr in einem Plastikbecken, das auf dem einzigen Tisch im Zimmer steht. Sie blickt auf die ungeöffneten Konservendosen und dann auf den schweigenden Mann auf dem Bett.

MÄDCHEN Du hast wieder keinen Bissen gegessen, Papa.

Der Mann antwortet nicht. Er steht auf und tritt an die Kommode. Er zieht ein Bündel Banknoten aus der obersten Schublade und geht damit hinüber zu dem Mädchen. Sie ist dabei, sich die Hände zu trocknen, da sie mit dem Geschirr fertig ist. Er drückt ihr das Geld in die Hand.

KILLER Gib das deiner Mutter. Und komm nie mehr hierher.
MÄDCHEN Papa...
KILLER Ich brauche keine Hilfe.
MÄDCHEN Aber...
KILLER Los, geh schon. Ich hab zu tun.

Der barsche Ton seiner Stimme bringt sie fast zum Weinen, aber folgsam steckt sie die Banknoten in ihre Manteltasche und geht.
Der Mann schlüpft in seinen Mantel.

Innen. Bahnhof. Abend.

Margaret steht am Fahrkartenschalter des Bahnhofs. Der Schalterbeamte schiebt ihr die Fahrkarten unter der vergitterten Trennscheibe durch. Margaret tritt aus der Warteschlange und blickt hinauf zu der großen Uhr hoch oben an der Wand. Dreiviertel sieben. Draußen ist es bereits dunkel. Unruhig geht Margaret ein paar Schritte, um dann wie vom Blitz getroffen stehenzubleiben, als sie das Plakat an der Mauer neben dem Zeitungsstand sieht. Die Schlagzeile schreit: MÖRDER VON WHITECHAPEL GEFASST. DRITTER MANN UNSCHULDIG. Darunter sind Fotos von Al und Pete und ein kleineres von Henri, dasselbe, das schon früher in den Zeitungen erschienen war. Margaret reißt dem Zeitungsverkäufer das Blatt förmlich aus der Hand und überfliegt den Artikel. Dann eilt sie, sichtlich erfreut und glücklich, zum Ausgang.

Innen. Taxi. Abend.

Margaret sitzt im Taxi und blickt besorgt auf die Uhr. Es ist Stoßzeit, und immer wieder bleibt das Taxi an den Kreuzungen im Stau stecken.

Innen. Imbißstube. Abend.

Im Hinterzimmer zieht Henri seinen Mantel an, wirft einen Abschiedsblick durch das Zimmer und geht in die Bar. Der kahle Mann wirft seine Zeitschrift beiseite, steht auf und streckt Henri die Hand hin.

MANN Au revoir, Henri.
HENRI Au revoir, Vic.

Die Tür geht auf, und der Killer kommt herein. Henri geht um die Theke herum und will zur Tür gehen, als er plötzlich stehenbleibt. Der Killer hat eine Pistole gezogen und starrt Henri ausdruckslos an. Henri, der den Mann bisher noch nie gesehen hat, begreift endlich, wer das ist. Er weicht zurück und tritt hinter die Theke. Der Killer folgt ihm wie ein Roboter, wenige Schritte hinter ihm. Henri macht kehrt und tritt in die Küche. Vic stellt sich vor den Killer, aber der fegt ihn mit der Pistolenhand beiseite wie einen alten Handschuh. Vic kracht hinter dem Tresen zu Boden. Der Killer folgt Henri. Der ist durch die Hintertür auf den Friedhof entwischt.

Außen. Friedhof. Abend.

In der Mitte des Friedhofs steht eine kleine Kirche, die schon fast verfallen ist, und hier sucht Henri Deckung. Schließlich steigt er vorsichtig aus einem Loch in der Wand und findet sich direkt dem Killer gegenüber, der an der Wand lehnt. Einen Augenblick lang mustern sie einander. Keiner sagt ein Wort. Plötzlich bekommt der Killer wieder einen seiner scheußlichen Hustenanfälle und wühlt mit der freien Hand nach seinem Taschentuch. Der Anfall ist endlich vorüber, der Killer steckt das Taschentuch wieder ein und blickt auf zu Henri, der die ganze Zeit gewartet hat, ohne sich zu rühren.

KILLER Krebs ... In ein paar Wochen bin ich hinüber.

Henri Das tut mir leid.
Killer Wieso? Dann komm ich endlich hier weg.
Henri Gefällt es Ihnen hier denn nicht?
Killer Nein, ich bin ein Verlierer.
Henri Diesmal haben Sie gewonnen.
Killer Das glauben Sie. Das Leben ist eine Enttäuschung.

Er holt die Pistole aus der Tasche und richtet sie auf Henri. Ein langer, ausdrucksloser Blick.

Killer Leben Sie wohl.

Plötzlich dreht er die Pistole um, richtet sie auf die eigene Brust, die Stelle, wo das Herz liegt, und drückt ab. Auf Henris Gesicht malt sich eine gewisse Verblüffung, wie er auf den leblosen Mann heruntersieht, der ihm zu Füßen liegt. Erst nach einer Weile geht er langsam hinaus.

Innen. Taxi. Abend.

Margaret sitzt im Taxi und blickt nervös auf den Nakken des Fahrers.

Margaret Schneller!

Außen. Vor dem Friedhof. Abend.

Der Taxifahrer beschleunigt, bis er sieht, daß aus dem Friedhoftor auf die Straße und direkt vor sein Auto ein kleiner Mann tritt, den wir sofort als Henri Boulanger erkennen. Margaret schreit auf und schlägt die Hände vors Gesicht, der Fahrer bremst voll, mit der verblüfften Miene eines Mannes, der noch nie einen Unfall verursacht hat. Als alles vorbei ist, öffnet Margaret die Wagentür und eilt zur Schnauze des Taxis, um dort festzustellen, daß zwei Zentimeter vor der Stoßstange des Wagens Henri unversehrt dasteht. Sie sehen einander an. Abblende. Musik. Eine Einstellung auf Vic, der in der Ecke der Imbißstube seine Brille putzt.

ENDE

DARSTELLER

Henri	·	JEAN-PIERRE LÉAUD
Margaret	·	MARGI CLARKE
Der Killer	·	KENNETH COLLEY
Abteilungsleiter	·	TREVOR BOWEN
Sekretärin	·	IMOGEN CLARE
Vermieterin	·	ANGELA WALSH
Taxifahrer	·	CYRIL EPSTEIN
Pete	·	NICKY TESCO
Al	·	CHARLES CORK
Chef der Killer	·	MICHAEL O'HAGAN
Barman	·	TEX AXILE
Mann an Rezeption	·	WALTER SPARROW
Frank	·	TONY ROHR
Sonnenbrillenverkäufer	·	AKI KAURISMÄKI
Gitarrist	·	JOE STRUMMER
Bongospieler	·	ROBERTO PLA
Juwelier	·	PETER GRAVES
Vic	·	SERGE REGGIANI
Tochter des Killers	·	ETTE ELIOT

PRODUKTIONSSTAB

Buch, Regie, Schnitt & Produktion	·	AKI KAURISMÄKI
1. Regieassistenz	·	PAULI PENTTI
2. Regieassistenz	·	KARI LAINE
	·	ROBERT FABBRI
Script	·	MARJA-LEENA HELIN
Sprachtraining für J.-P. Léaud	·	IRMELI DEBARLE
Kamera	·	TIMO SALMINEN
Ton	·	TIMO LINNASALO
Art Director	·	JOHN EBDEN
Ausstattung	·	MARK LAVIS
Kostüme	·	SIMON MURRAY
Produktionsleitung	·	KLAUS HEYDEMANN
Herstellungsleitung	·	MARTIN BRUCE CLAYTON
	·	DAVID KELLY
Aufnahmeleitung	·	ANDY PAVORD
Postproduktion	·	ERKKI ASTALA
Standfotos	·	MARJA-LEENA HELIN

Drehbuchübersetzung ·	MIKKO LYYTIKÄINEN
Vertrieb ·	CHRISTA SAREDI WORLD SALES

MUSIK

»Time On My Hands« »Body and Soul«	BILLIE HOLIDAY
»Burning Light« ·	JOE STRUMMER
»Afro-Cuban Be-Bop« ·	JOE STRUMMER and the ASTRO-PHYSICIANS
»Need Your Love So Bad« »My Nerves« »Young Girl« »Suffering With the Blues« »I'm Stickin' With You Baby«	LITTLE WILLIE JOHN
»Trouble at Midnight« ·	ROY BROWN
»Ennen kuolemaa« ·	OLAVI VIRTA
»General Election« ·	LORD BEGINNER with CYRIL BLAKE'S CALYPSO BAND
»Mi Buenos Aires Querido« »Questa Abajo«	CARLOS GARDEL

Labor ·	METROCOLOR, London
Negativschnitt ·	STAN LANE
·	DANNY COULSON
Abstufung ·	CLIVE NOAKES
Kamera ·	ARRIFLEX BL II
Kameraausrüstung ·	VILLEALFA FILMPRODUCTIONS JDC
Generator ·	GBS FILM LIGHTING Ltd.
Tonausrüstung ·	RICHMOND FILM SERVICES

Produktion
VILLEALFA FILMPRODUCTIONS
THE SWEDISH FILM INSTITUTE
in Zusammenarbeit mit
FINNKINO, Finnland
ESSELTE VIDEO, Schweden
MEGAMANIA, Finnland
PANDORA FILM, Deutschland

PYRAMIDE DISTRIBUTION, Frankreich
CHANNEL FOUR TELEVISION, England

Gefördert von
THE FINNISH FILM FOUNDATION / KARI KYRÖNSEPPÄ

© VILLEALFA FILMPRODUCTIONS
THE SWEDISH FILM INSTITUTE
1990

35 mm, Farbe, 1:1,85, Mono, 80 Minuten (2190 Meter)

*»Jetzt habe ich zuviel geredet ...
und zuviel geraucht.«*

EIN GESPRÄCH
MIT AKI KAURISMÄKI

Wie hast du angefangen, Filme zu machen?

Im Gegensatz zu meinem Bruder Mika habe ich nie eine Filmschule besucht; ich bin Autodidakt. Aber als ich anfing, bei Mikas Filmen mitzumachen, war es so, als hätte ich das Kino bereits im Kopf gehabt. Andererseits bin ich seit Jahren Mitglied der Kinemathek von Helsinki – einer der besten der Welt – und aller, wirklich aller Filmklubs der Stadt. Dann habe ich auch alles mögliche in den Kinos gesehen und schließlich sogar Filme im Fernsehen angeschaut. Ich hatte ein Programm von Filmen, die ich sehen mußte, das drei Monate dauerte. Vielleicht kam mir der Gedanke, Kino zu machen, weil ich zu keinem ehrbaren Beruf fähig bin. Jeden Tag ging ich in den Straßen des Zentrums von Helsinki auf und ab und versuchte, Geld zum Trinken aufzutreiben, aber das wurde immer schwieriger, also haben wir uns gesagt: Warum fangen wir nicht an, Filme zu machen? Und einer von uns hat vorgeschlagen: Schreiben wir doch ein Drehbuch, und ein anderer hat gefragt: Worüber? Ich hab geantwortet: Über diese Scheiße von einem Leben. Und so wurde das Drehbuch zu *Valehtelija* [Der Lügner] geboren, und wir haben auch wirklich angefangen, den Film zu drehen, aber dann fehlte uns das Geld, um ihn fertigzustellen, und so sahen wir uns gezwungen aufzuhören.

Etwa ein Jahr später ist Mika nach Finnland zurückgekehrt, nach dem Abschluß der Filmhochschule in München, und er hatte ein kleines Budget, um seinen Diplomabschlußfilm zu drehen. Gemeinsam haben wir dann das Projekt *Valehtelija* wieder aufgenommen und noch etwas Geld aufgetrieben, um es abzuschließen.

Die Regie übernahm Mika, das Drehbuch war von mir und Pauli Pentti, und ich spielte darin auch eine Rolle. Der Film wurde am Kurzfilmfestival von Tampere aufgeführt und wurde ein kleiner Großerfolg. Er unterschied sich deutlich von anderen finnischen Filmen jener Zeit, ich würde sagen, er wirkte europäischer. Und er war rappelvoll mit Zitaten aus Filmen der *nouvelle vague*, wir haben überhaupt alles mögliche reingestopft, indem wir alles zusammenklauten, was uns an anderen Filmen gefiel. So haben wir angefangen. Ich fürchte, daß heute für einen jungen Anfänger alles viel schwieriger wäre.

Gewährt die finnische Filmförderung den Filmemachern nicht genügend Unterstützung?

Doch, gewiß. Aber wenn der Regisseur nicht bekannt ist, und ein Anfänger ist das natürlich nie, hat niemand wirklich Vertrauen in ihn. Man vertraut einem, der schon mal einen Film gemacht hat, aber wenn keiner deinen ersten Film produziert, hast du freilich auch keinen zum Vorzeigen, und so... Alle fünf Jahre schafft es einer, aber die meisten bleiben auf der Strecke.

Deine Geschichte als Regisseur beginnt also mit deinem Bruder?

Ja. Nach *Valehtelija* haben wir vierhändig einen zweistündigen Dokumentarfilm über die Rockgruppen Finnlands gedreht, mit dem Titel *Saimaa-ilmiö* [Das Saimaa-See-Syndrom], der meiner Ansicht nach nirgendwo mehr aufgeführt und niemandem gezeigt werden sollte. Vermutlich hat er durchaus dokumentarischen

Wert und ist im Hinblick auf die Geschichte der Rockmusik in Finnland hochinteressant, aber in technischer Hinsicht ist das ein lausiger Film, wirklich nicht gelungen, besonders die Tonspur ist ein Problem. Ich muß sagen, als Dokumentarfilmer sind wir nicht eben toll; auch die Rockstars, die wir interviewt haben, waren jung wie wir und vor der Kamera furchtbar aufgeregt, und in manchen Fällen kamen dabei eher peinliche Interviews heraus.

Auf Saimaa-ilmiö *folgte der erste lange Spielfilm,* Arvottomat *[Die Wertlosen].*

Mit *Valehtelija* haben wir die Aufmerksamkeit der finnischen Filmwelt geweckt und das Geld für dieses Projekt bekommen. Vielleicht hat es ihnen nachher nicht gefallen, aber da konnten sie uns nicht mehr aufhalten. Um *Arvottomat* zu drehen, haben wir Finnland der Länge und der Breite nach abgegrast, um die richtigen Schauplätze für unsere Geschichte zu finden. Es ist schrecklich zu sehen, wie Finnland sich verändert; viele der Dörfer und Städte, durch die wir gereist sind, haben ihren Charakter verloren und sehen jetzt alle gleich aus. Manche der Orte des alten Finnland, die man in *Arvottomat* sieht, existieren heute gar nicht mehr. Das Land wird immer amerikanisierter, die alte finnische Kultur liegt im Sterben. Auch ich komme, wie fast alle Finnen, vom Land, ich wurde in einem Dorf geboren, das gut siebzig Kilometer von Helsinki entfernt ist, und jetzt sehe ich, wie sie dabei sind, meine Kultur zu zerstören. Finnland entwickelt sich zu einem Land mit drei Amtssprachen: Neben Finnisch und Schwedisch macht sich nun auch das Englische breit. Sie sind wirklich seit zwanzig Jahren dabei, dieses Land systematisch zugrunde zu richten. Im Namen einer Internationalisierung, einer Verwestlichung, die nichts von dem übrigläßt, was für meine Kultur wichtig war. Das ist im übrigen kein besonders schwieriges Unterfangen: Unsere Kultur ist jung, sie ist nur ein paar hundert Jahre alt; vorher hat Finnland gar nicht existiert.

Für die Regie in Arvottomat *hat Mika gezeichnet, aber du betrachtest ihn ja auch ein bißchen als deinen ersten Film.*

In einem gewissen Sinne schon, da die Welt in diesem Film meine Welt ist, ich habe sie erschaffen, indem ich die Geschichte geschrieben habe. Für die Bilder des Films bin ich nicht verantwortlich, aber ich habe die Dialoge geschrieben und die Figuren erfunden. Es ist allerdings auch so, daß ich *Arvottomat* seit Jahren nicht mehr gesehen habe, und so bin ich nicht ganz sicher, wofür ich da gradestehen muß. Es ist ein sehr unterhaltsamer Film, aber für mein Gefühl gehört er der Vergangenheit an; wir haben ihn gemacht, als wir noch kaum mehr als eine Bande von Jugendlichen waren. Die Absicht war, was Rhythmisches zu machen, mit einer temporeichen Handlung, mit Schießereien und Verfolgungsjagden. Sagen wir also, *Arvottomat* ist zu vierzig Prozent mein Film.

Dein wirkliches Début war Rikos ja rangaistus *[Schuld und Sühne].*

Das war der erste Film, den ich ganz selbständig geschrieben und inszeniert habe. Die Geschichte beruht auf dem gleichnamigen, wunderschönen Roman von

Dostojewski, und viele haben meinen Film mit Robert Bressons *Pickpocket* verglichen, aber ich hatte Bressons Film nie gesehen, als ich anfing, *Rikos ja rangaistus* zu drehen. Tatsächlich war Bressons Film in Finnland lang von der Zensur verboten – die Zensur in Finnland ist etwas Absurdes –, weil man sagte, er könnte Jugendliche zu Verbrechen anregen. Darum habe ich *Pickpocket* erst vor kurzem gesehen. Auch meine Hauptfigur Rahikainen wird am Ende des Films ins Gefängnis gesteckt, und die Geschichte hört gleich auf wie bei Bresson, aber die Schlußszene bei Bresson läßt gewisse Möglichkeiten offen, was ich absolut vermeiden wollte.

Wer sind neben Bresson deine Lieblingsregisseure?

Zu allererst Ozu, dann auch Michael Powell, Cassavetes, Huston und Welles. Von den Regisseuren der *nouvelle vague* gefällt mir Godard am besten, bis zu *Weekend*. Seine filmkritischen Arbeiten waren für mich sehr wichtig, aber ich mag auch die Poesie in seinen Dialogen. Er war es, der gezeigt hat, daß in einem Film fast alles möglich ist: In einem Café streitet sich ein Paar, und die Frau erschießt den Mann ... Das hatte zuvor noch niemand gemacht. Ich mag auch Fuller und die amerikanischen B-Movies der vierziger und fünfziger Jahre. Diese Filme gefallen mir, weil sie echtes Kino sind, was man von den meisten Produkten, die man heutzutage auf der Leinwand sieht, nicht sagen kann, das sind rein professionelle Produkte, ohne irgend etwas darüber hinaus.

Mein absoluter Lieblingsregisseur ist Buñuel; seinetwegen habe ich mich dem Kino gewidmet, weil ich mit sechzehn Jahren *L'âge d'or* gesehen habe. Ich sah damals viele schlechte Filme in den kommerziellen Kinos, und an jenem Tag ging ich zum ersten Mal in einen Filmklub, wo *L'âge d'or* und *Nanook of the North* von Flaherty auf dem Programm standen. Ich war zu spät gekommen und wußte nicht, was man dort zeigen würde. Als ich den Film von Flaherty sah, dachte ich, das kann es nicht sein, das scheint mir nicht eben surrealistisch. Ich wußte zwar nicht, was das heißt, aber es schien mir jedenfalls, daß es das nicht war, was immer das auch sein mochte. Aber es gefiel mir sehr, obschon ich verwirrt war, weil es nicht das war, was ich erwartet hatte. Dann sah ich *L'âge d'or* und sagte mir: Leck mich, auch das ist Kino... Von diesem Augenblick an habe ich mich wirklich für das Kino interessiert und angefangen, über das Kino zu schreiben.

Du warst also auch Filmkritiker?

Mehr oder weniger. Ich war an der Uni, ohne Erfolg – so sehr, daß ich das Studium abgebrochen habe –, und habe da an der Universität von Tampere, wo ich eingeschrieben war, bei einer Studentenzeitung mitgemacht. Ich schrieb für so was wie eine einheimische Form der *Cahiers du cinéma* und dann mal hier, mal dort. Manchmal kam es vor, daß ich eine ganze Nummer der Zeitschrift praktisch alleine bestritt. Ich schrieb sogar die Leserbriefe und diskutierte und stritt mit mir selbst unter verschiedenen Namen, bloß um die Seiten zu füllen. Dafür wurde ich bezahlt. Ich hab auch einen sechsunddreißigseitigen Essay über *L'âge d'or* geschrieben.

Bresson, Ozu und Buñuel – ein seltsames Dreigestirn, auf das du dich da beziehst.

Nein, das ist alles ganz klar. Die können bestens nebeneinander bestehen.

In welchem Sinn?

In meinem Sinn. Diese drei Regisseure sagen alle drei mehr oder weniger das Gleiche, sie unterscheiden sich nur im Stil. Der Stil von Buñuel ist etwas wilder als derjenige von Ozu und Bresson, aber das will nicht heißen, daß sie nicht die ganze Zeit das Gleiche erzählen.

Und das wäre?

Das Grauen vor dem Leben. Das Grauen vor der Gesellschaft.

Nach Arvottomat *sind Mika und du getrennte Wege gegangen.*

Nach *Rikos ja rangaistus* habe ich weiter meine eigenen Filme gemacht, sie selbst geschrieben und inszeniert, und Mika machte es genauso. Aber am Drehbuch zu seinem zweiten Film, *Klaani – Tarina sammakoiten suvusta* [Der Klan – Die Geschichte der Frösche], habe ich mitgeschrieben, und beim Dialog von *Rosso* habe ich mit rumgefummelt. Auch wenn wir heute nicht mehr zusammenarbeiten, teilen wir doch immer noch die Produktionsgesellschaft, die Kamera – eine Arriflex, die wir Bergman abgekauft haben, als er aufhörte,

Filme zu machen –, und wir teilen auch manche Techniker, darunter in erster Linie den Chefkameramann Timo Salminen. Gewiß, wir haben verschiedene Wege eingeschlagen ... und wir haben die Welt unter uns aufgeteilt: Ich habe den Norden Finnlands genommen und er die USA.

Bei der Produktion deiner Filme übernimmst du viele verschiedene Funktionen: Regie, Drehbuch, Produktion, und bei Tulitikkutehtaan tyttö *[Das Mädchen aus der Streichholzfabrik] zeichnest du auch noch für den Schnitt verantwortlich.*

Bei *Tulitikkutehtaan tyttö* habe ich deswegen auch den eigentlichen Schnitt übernommen, weil ich die Cutterin, mit der ich in den vorangegangenen Filmen immer gearbeitet hatte, Raija Talvio, verloren habe. Also habe ich ihn alleine geschnitten. Im übrigen habe ich den Schnitt immer schon persönlich begleitet, Minute für Minute, und der Cutterin gesagt, wo sie schneiden soll. Die Cutterin übernahm dann den technischen Vorgang, die verschiedenen Filmschnipsel zusammenzukleben, und wurde dafür im Abspann unter »Schnitt« aufgeführt. Ich bin ein genauer Mensch und habe stets alles mitverfolgt und überwacht, so daß es am Ende nicht viel ausgemacht hat, daß ich es nun persönlich ausgeführt habe. Aber es gibt zwei Dinge in meinen Filmen, die nicht aus meinem Kopf stammen, auch wenn ich darüber bestimme: Bild und Ton. Wenn eine Szene gedreht werden soll, gebe ich dem Chefkameramann prinzipielle Anweisungen, aber dann geh ich in eine Bar, bis alles bereit ist. Gewöhnlich schreibe ich in dieser Zeit die Dialoge für die Szene, die wir gleich drehen werden. Dann komm ich zurück und sage:

»Gut«, und dann und wann füge ich hinzu: »Mach da einen Schatten hin«, mehr damit die Leute glauben, auch ich verstehe etwas davon, was nicht der Fall ist. Das gleiche gilt für den Ton: Wenn ich einmal gesagt habe, was ich will, überlasse ich es dem Techniker, den gewünschten Effekt zu erzielen, aber später bei der Tonmischung habe ich alles direkt unter Kontrolle. Dort nehme ich seine Ratschläge an oder lehne sie ab.

Zu welchem Zeitpunkt bestimmst du die Musik für den Film?

Zuletzt, wenn der Film geschnitten ist und der Techniker die Tonspur angelegt hat. Dann machen wir uns daran, die Musik zu den Bildern zu mischen. Gewöhnlich arbeite ich während dieser Phase in Schweden und schau dann einen Tag vorher in ein Schallplattengeschäft rein und kaufe dies und das. Beim Mischen läßt mir der Techniker dann einen Kanal offen, und ich höre mir die Musik an, während die Bilder und die Dialoge vorbeilaufen, und ich stelle mir vor, wo die Musikstücke am besten hinpassen würden. Schließlich gehen wir zur Endmischung über, und da hab ich meinen eigenen Kanal und meinen eigenen Regler und sorge persönlich für das Ein- und Ausblenden der Musik und ihre Lautstärke. Das ist bei mir stets der Schlußpunkt für einen Film.

Rock, Blues und finnische Schlager sind deine bevorzugten Musikrichtungen.

Rock eigentlich nicht so sehr, wobei es natürlich drauf ankommt, was man unter Rock versteht. In erster Linie Blues und diese melodischen finnischen Tangos, die finnischen Schlager, und ausnahmsweise taucht in *Leningrad Cowboys Go America* auch mal Country & Western auf. Ich verwende die Musik, die mir persönlich gefällt; auch viele klassische Musik, insbesondere Tschaikowski, der immer gut paßt: Wo immer man auf der Platte die Nadel aufsetzt, seine Musik paßt sich der dramatischen Szene stets perfekt an, und ich meine, daß ich mehr als einmal in verschiedenen Filmen dieselben Stücke von ihm verwendet habe.

Wer sind die Leningrad Cowboys?

Sie sind die berühmteste Band Finnlands; es gibt sie seit gut siebzehn Jahren, und ihr richtiger Name ist *Sleepy Sleepers,* international jedoch sind sie als *Leningrad Cowboys* bekannt. Alle finnischen Popmusiker sind durch diese Band gegangen, nur die zwei Bandleader sind noch dieselben. Einer geht, einer kommt, und manchmal feuern sie auch alle auf einmal und suchen nach Neuen. Es ist ihre Band und ihre Musik. Sie sind aber allesamt Profis und haben eine ganze Reihe finnischer Hits im Repertoire, aber die konnten wir im Film nicht brauchen, weil sie unübersetzbar sind. Von einem Tag zum andern haben wir entschieden, was sie spielen sollten, und da sie wirklich gut sind, können sie auch aus dem Stegreif alles mögliche spielen, inklusive die Fünfte von Beethoven in einer Rock-'n'-Roll-Version oder auch in klassischer Manier, denn die Hälfte der Band hat einen Abschluß am Konservatorium gemacht.

Am Anfang von Leningrad Cowboys *steht eine Widmung* ...

Ich habe den Film Guty Gardenas gewidmet, einem mexikanischen Sänger, der in Restaurants spielte, an Festen und Hochzeiten, und 1985 bei einer Schlägerei in einem Lokal umgebracht wurde. Seine Musik gefällt mir, und ich habe mehrere Platten von ihm. Eines seiner Lieder habe ich in *Varjoja paratiisissa* [Schatten im Paradies] verwendet, in der Sequenz, wo man den Protagonisten, nachdem er zusammengeschlagen wurde, die Trambahngeleise entlangwandern sieht, während das Mädchen allein in der Wohnung sitzt. Es ist ein sehr melancholisches Lied. So was wie »Ich bin traurig und einsam«, auf mexikanisch.

In Tulitikkutehtaan tyttö *hat die Musik nicht nur die Funktion eines Kommentars, sondern scheint uns die Gedanken der Hauptfigur zu enthüllen.*

Einerseits stellen die finnischen Schlager, die ich verwende, vor allem durch ihre Texte, meinen Kommentar zu den Ereignissen des Films dar, andererseits teilen sie direkt die Gedanken des Mädchens mit. Ich glaube nicht, daß die Hauptfigur an den Orten, wo sie sich aufhält, die Musik wahrnimmt; sie ist völlig von dem eingenommen, was in ihrem Kopf vorgeht, und scheint überhaupt nicht aufzupassen. Aber über die Musik beeinflusse ich die Gefühle des Zuschauers. Und das letzte Lied ist besonders wichtig: In seinen Worten liegt der Sinn des Films, seine ganze Geschichte. Die Lieder in *Tulitikkutehtaan tyttö* sagen oft, was die wenigen gesprochenen Worte nicht ausdrücken, und natürlich sprechen auch die Bilder.

Tulitikkutehtaan tyttö *ist das letzte Kapitel einer sogenannten proletarischen Trilogie, die mit* Varjoja paratiisissa *begonnen hat. War das von Anfang an so geplant?*

Nein, als wir anfingen, hatten wir nichts dergleichen im Sinn. Als ich *Varjoja paratiisissa* drehte, sollte das ein Film für sich werden, und fertig. Und dann, als ich an *Ariel* arbeitete, fiel mir auf, daß die Geschichte der vorherigen mehr oder weniger ähnelte, und da dachte ich, ich müßte auch noch einen dritten machen, diesmal mit einem Mädchen als Hauptfigur, und so habe ich angefangen, dieses Projekt die Trilogie der Verlierer zu nennen. Man kann sie auch Arbeiter-Trilogie oder proletarische Trilogie nennen, aber ich nenne sie die Trilogie der Verlierer, denn wenn man sich die Hauptfiguren ansieht, dann sind das in allererster Linie Verlierer und erst hinterher Arbeiter. Und um dem Vorwurf zu entgehen, drei so ähnliche Filme gemacht zu haben, habe ich sie als Trilogie über die finnische Wirklichkeit präsentiert, und das ist sie auch tatsächlich. Wenn Ozu Film für Film dieselben Geschichten und Themen wiederholt, ist er groß; wenn Hawks immer wieder die gleichen Western vorlegt, ist er groß, aber wenn Aki Kaurismäki das tut, schreien alle: »Er wiederholt sich!« Daher die Idee mit der Trilogie. Und nachdem ich beschlossen hatte, daß es drei Filme sein sollten, hab ich den letzten so konzipiert, daß er das Schlußkapitel bilden würde. Die letzte Szene von *Tulitikkutehtaan tyttö* ist der Abschluß der Trilogie und der Abschluß meiner Karriere in Finnland. Am Tag nach der letzten Klappe habe ich das Land verlassen und bin nach Portugal übergesiedelt. Das ist der Grund, weshalb der Film nicht gleich aufhört wie *Varjoja paratii-*

sissa oder *Ariel,* wo der Mann und die Frau auf einem Schiff in eine neue Heimat reisen; das Mädchen aus der Streichholzfabrik bleibt in Finnland; auf das Schiff gehe ich und mach mich aus dem Staub.

Tulitikkutehtaan tyttö *hört gleich auf wie* Rikos ja rangaistus: *in einem Gefängnis, ohne jede Hoffnung.*

Rikos ja rangaistus war mein erster Film, und seither sind zehn Jahre vergangen, in denen ich rund zehn Filme gedreht habe, und alles schließt sich wie ein Kreis. Mir gefällt die Vorstellung dieser Zirkularität, ein Kreis, in dem die Extreme miteinander verschmelzen und ich mich davonmache, während die Figuren bleiben, auch wenn ich, um den Kreis wirklich vollkommen zu machen, hätte nach Mexiko fahren müssen, wie die Hauptfiguren von *Ariel* oder die Leningrad Cowboys.

Haben sich in diesen zehn Jahren deine Ansichten über Finnland verändert? Hattest du damals Hoffnungen, die du inzwischen verloren hast?

Ja, und wie. Finnland verändert sich so rasend schnell. Und was die Trilogie betrifft, so ist es wichtig, eines festzuhalten: Finnland heute ist nicht so, wie ich es in diesen drei Filmen darstelle. Es ist ein viel moderneres Land, viel kälter und rationaler, eine Maschine, die Geld produziert. Wie ich es zeige, war Finnland in den siebziger Jahren, als ich einer der Verlierer war und mal hier, mal da arbeitete. In der Trilogie habe ich Finnland zeigen wollen, wie es früher einmal war, wie immer in den Filmen von Mika und mir. Und so viele Orte, wo wir gedreht haben, existieren heute nicht mehr: alte Villen, alte Lokale und so weiter. Zumindest als Dokumente, wie Finnland einmal war, werden unsere Filme einmal einen Wert haben. Finnland, wie es heute ist, gefällt mir nicht besonders, und darum habe ich für meine Filme immer Schauplätze gesucht, die Orten in meiner Erinnerung entsprachen. In *Tulitikkutehtaan tyttö* habe ich nur in der Wohnung des Mannes moderne Möbel verwendet, aber die restlichen Dekors sind zeitlich zurückverlegt. Man könnte sagen, daß der Mann gewissermaßen das Abbild des heutigen Finnland ist, während das Mädchen das Land verkörpert, wie es einmal war, und die alte Kultur wird von der neuen vergewaltigt. Das spukte mir bei der Arbeit an dem Film bloß in meinem Unterbewußtsein herum, aber rückblickend erscheint es mir ganz klar. Es hat mir wirklich das Herz gebrochen, zu sehen, was mit Finnland geschehen ist, denn ich habe mein Land sehr gemocht. Das letzte Bild von *Tulitikkutehtaan tyttö* ist völlig leer: Nur die Maschinen im Vordergrund funktionieren weiter. Das ist das Ende Finnlands, das ist das Ende meiner Beziehung zu diesem Land.

Auch Hamlet liikemaailmassa *[Hamlet macht Geschäfte] hört auf mit Einstellungen von einer Fabrik, in der die Maschinen laufen, aber ohne Menschen.*

Ich mag Maschinen. Am Schluß von *Hamlet* sieht man eine Papierfabrik in Betrieb. Finnland ist voll von Papierfabriken, und Ende der siebziger Jahre arbeitete ich in einer davon, als Arbeiter auf der untersten Stufe, der nichts weiter als die Getriebe der Maschinerie waschen und putzen durfte, und so war ich immer in den Maschinen drin... Ich mag an Maschinen das mechanische Element, zum Beispiel jene Maschinen, die einen Baumstamm schrittweise zu einer Schachtel Streichhölzer verarbeiten. Und am Anfang von *Tulitikkutehtaan tyttö* habe ich es ausgekostet, diesen ganzen Vorgang in allen Einzelheiten darzustellen, einen Mechanismus, der ununterbrochen in Bewegung ist und keines einzigen menschlichen Eingriffs bedarf.

Die Filme der Trilogie schildern demnach eine finnische Wirklichkeit, und dennoch wirken die Geschichten und Figuren gleichzeitig unwirklich.

Ich will in meinen Filmen nicht direkt von der finnischen Wirklichkeit sprechen, und die Gesellschaft, die ich vor Augen führe, ist nicht die moderne, reiche des Computerzeitalters. Nur in *Hamlet* sieht man einen Computer, sonst nie. Und ebensowenig ist mein Finnland dasjenige der Tourismusfilmchen, lauter blaue Seelein und weißer Schnee und die Rentiere Lapplands. Mir geht es in erster Linie darum, Geschichten zu erzählen, nicht irgend etwas zu dokumentieren. Aber natürlich steht hinter meinen Geschichten immer Finnland. In *Ariel* fliehen er, sie und das Kind auf einem Schiff nach Mexiko; in der Wirklichkeit passiert das nicht, aber es gibt Tausende von Finnen, die gezwungen waren, ihre Heimat zu verlassen und nach Schweden und Norwegen auszuwandern, um Arbeit zu finden. Aber ich möchte nicht, daß man meine Filme als etwas anderes analysiert, als sie sind: In meinen Filmen ist alles an der Oberfläche, da gibt es keine tieferen Bedeutungen, nicht einmal in einem Film wie *Calamari Union*. Und wenn ich das sage, so meine ich es im gleichen Sinne wie Buñuel.

Calamari Union ist ein Film, der sich von der Trilogie stark unterscheidet, wie Hamlet *und* Leningrad Cowboys *auch.*

Die Trilogie gehört zu meiner realistischen Seite, die andern nicht. Ich drehe zwei Sorten von Filmen, da ich schizophren bin und nicht will, daß eine meiner beiden Persönlichkeiten die Oberhand gewinnt, und so versuche ich, beide gleichermaßen auf Distanz zu halten und abwechslungsweise einen Film dieser Sorte und einen Film der anderen Sorte zu machen. *Rikos ja rangaistus* gehört klar zur Gruppe der Trilogie, die andern zur entgegengesetzten. Das sind gewöhnlich Filme in Schwarzweiß, auch wenn *Leningrad Cowboys* in Farbe ist, weil es keinen Sinn hat, Texas in Schwarzweiß zu filmen. Und jetzt bin ich dabei, in London einen Film von dieser Sorte zu drehen, der den Titel *I Hired a Contract Killer* tragen wird, und danach einen weiteren, den wiederum in Schwarzweiß, in Paris.

Welchen Unterschied siehst du zwischen Farbe und Schwarzweiß?

Ich mag Schwarzweiß, und es bietet die Möglichkeit, mehr mit der Kamera zu spielen, man fühlt sich freier auf der Suche nach starken Kontrasten, bizarren Blickwinkeln wie in den B-Movies der vierziger Jahre. Und das gefällt mir, während natürlich für realistische Geschichten Farbe besser geeignet ist und da obendrein auch die Kamera ruhiger bleibt.

Wovon handelt I Hired a Contract Killer?

Das ist ein Film, der den Stil der »*Ealing comedies*« aufnehmen möchte, genau gesagt den von *Last Holiday*

[Ferien wie noch nie] von Henry Cass mit Alec Guinness, einem Film, der zwar nicht von den Ealing Studios produziert wurde, aber das Niveau ihrer besten Produktionen hat. Ich hab ihn vor etwa zehn Jahren im Fernsehen gesehen und nie mehr vergessen. Ich wollte immer ein Remake davon machen, in diesem Stil, dem Ealing-Stil eben. Und in meinem Drehbuch gibt es Elemente, die aus jenem Film stammen. Es sind nicht die Ausdrucksmittel der amerikanischen B-Movies, es ist etwas typisch Britisches, und der Begriff »*Ealing comedy*« trifft die Sache auch nur zum Teil. Es ist übrigens auch so ein bißchen der Stil, in dem ich *Hamlet* inszeniert habe.

Zwischen 1986 und 1987 hast du auch zwei Kurzfilme gedreht: zwei Video-Clips, mehr oder weniger.

Man kann sagen, daß es Rock-'n'-roll-Filme sind: sehr schnell, sehr unterhaltsam. Ich habe die Boxerfilme von Sylvester Stallone so gehaßt – der Mann ist ein Arschloch –, daß ich auf die Idee kam, mich zu rächen, und *Rocky VI* drehte, für die Leningrad Cowboys, die ihn auch als Video-Clip für die Band verwenden. Worte gibt es darin keine, aber immer Musik. Die Geschichte ist wie die eines langen Spielfilms, aber verkürzt, auf fünf oder acht Minuten verdichtet. Von der einen Seite kommt Igor, groß, sehr groß, aus einem sibirischen Dorf, mit einem Schlitten, der von einer Hundemeute über den Schnee geschleift wird; von der anderen Seite kommt Rocky, im Jumbo-Jet, ganz klein und schmächtig. Die beiden treffen sich für einen Kampf in Helsinki, und natürlich vermöbelt Igor Rocky bis aufs Blut und bringt ihn um. Dann fährt er Balalaika spielend nach Hause. *Thru the Wire* dagegen ist der Titel eines Lieds der Leningrad Cowboys. Ich habe mich einfach an die Worte gehalten und improvisiert. Das ist ein äußerst postmoderner Film, der postmodernste, den ich je gedreht habe. Ich hab gedacht, o. k., jetzt zeigen wir mal, daß wir diesen Video-Scheiß auch machen können, wenn wir wollen.

Und du hast auch einen Film fürs Fernsehen gedreht.

Ja, in nur sieben Tagen. Da ist keine besonders geschliffene Arbeit herausgekommen. Man hatte mich gebeten, zu einer Reihe von Fernsehfilmen von Kinoregisseuren beizutragen. Da sie gut zahlten, habe ich angenommen. Aber ich habe das Projekt in aller Eile abgedreht, mit einer Equipe, die nicht meine gewohnte war, die mich nicht kannte und mit meiner Arbeitsweise nicht vertraut war. So habe ich fast alles selber gemacht und in nur sieben Tagen dreihundertfünfzig Einstellungen gedreht. Es handelte sich um eine Adaption von Sartres Stück *Les mains sales* [Die schmutzigen Hände], aber das fertige Ergebnis habe ich nie gesehen. Ich habe Finnland verlassen, bevor es soweit war, dann haben sie mir eine Kassette geschickt. Ich hab mir die ersten zwei Minuten angesehen, und die haben mir gereicht. Ich will den Film nicht sehen, meine Filme gefallen mir nicht. Es ging mir darum, das Stück von Sartre in eine Komödie zu verwandeln, ein bißchen wie bei *Hamlet*. Ich habe mir die gleiche Art von filmischer Umsetzung eines literarischen Texts vorgenommen, indem ich eine dichte Abfolge des Dialogs und einen straffen Schnitt beibehielt, und am Ende war ich all dieser Worte so müde, daß ich *Tulitikkutehtaan tyttö* gedreht habe, wo die erste Dialogstelle erst nach zehn Minuten kommt und die zweite noch einmal fünfzehn Minuten später.

Was hast du für ein Verhältnis zur Literatur? Hast du keine Angst, schwierige Autoren wie Dostojewski und Shakespeare anzupacken?

Ich hatte beschlossen, für meinen Erstling eine Geschichte von Dostojewski zu verwenden, als ich las, daß Hitchcock einmal gesagt hatte, er habe niemals gewagt, seine Romane anzurühren, weil sie für eine Verfilmung zu schwierig seien. Also hab ich mir gesagt: O. k., dann versuch's eben ich. In Finnland einen Film zu produzieren, vor allem den ersten, ist ein schwieriges Unterfangen, und oft vergehen Jahre um Jahre, ehe man die Gelegenheit bekommt, einen zweiten Film zu produzieren. Also hab ich mir gedacht, falls ich scheitere – ich selbst wußte ja auch nicht, ob ich imstande sein würde, einen Film zu drehen – dann wäre es besser, mit einem großen Projekt zu scheitern: Wenn schon auf die Schnauze fallen, dann wenigstens von weit oben. Und ich habe das beste Buch der Welt genommen und es völlig zerstört. Und das zweitbeste war *Hamlet*, und bald werde ich in Paris *Scènes de la vie de bohème* von Murger drehen – nicht nach der Oper von Puccini, von der laß ich die Finger, ich finde, da ist die Grundidee des Buchs, die sehr unterhaltsam ist, flötengegangen. Ich werde eine modernisierte Version drehen, in Schwarzweiß und Cinemascope. Ich habe immer sehr viel gelesen, seit meiner Kindheit; etwa ein Buch pro Tag, wie eine Maschine. Ich mag Bücher, viel mehr noch als Filme, wenn ich ehrlich bin. Ich bin ein fanatischer Leser.

Die Dialoge in deinen Filmen sind immer sehr literarisch, in keiner Weise realistisch.

Man hat mir in Finnland auch jahrelang vorgeworfen, die Dialoge in meinen Filmen entsprächen nicht der Alltagssprache des Durchschnittsfinnen. Meine Figuren sprechen nicht so, wie zwei Finnen sich unterhalten. Das ist ein literarisches Finnisch.

Wieso?

Wenn ich ein Drehbuch schreibe, wirkt das besser. Aber auch wenn ich jetzt keine eigentlichen Drehbücher mehr schreibe, so habe ich doch den Stil beibehalten. Die finnische Sprache gefällt mir sehr, und ich möchte sie intakt bewahren. In diesem Land wird inzwischen überall englisch gesprochen, und so möchte ich wenigstens im Film ein reines, ideales Finnisch wahren. Das macht auch einen Teil des Stils meiner Filme aus und trägt zu diesem Eindruck des Seltsamen, des Ungewohnten bei, den das finnische Publikum angesichts meiner Filme empfindet. Natürlich ist das wiederum etwas, das den ausländischen Zuschauern völlig entgeht. Aber in Finnland ist meine Art, Dialoge zu schreiben, mittlerweile Gegenstand von Witzen geworden. In gewissen Talk-Shows im Fernsehen imitiert man die Sprechweise meiner Figuren, und dann bricht allgemeines Gelächter aus.

Wie arbeitest du mit den Schauspielern? Läßt du ihnen freie Hand?

Nein, ganz und gar nicht. Die haben schon ihre Freiheit, aber nur im eigenen Kopf. Ich sage immer, daß sie sprechen können, wie sie wollen, aber sie dürfen nie schreien und müssen genau die Dialoge sprechen, die ich geschrieben habe. Alle Gefühle, die ganze Professionalität eines Schauspielers läßt sich durch ein bloßes Hochziehen der rechten Augenbraue ausdrücken, wenn man will. Ich will damit sagen, ich bitte meine Schauspieler, alles rauszuholen mit ihren Augen, dem Mund und der Nase, auch wenn es sehr schwierig ist, die Nase zu bewegen ... Ich gewähre ihnen, was das Sprechen und den Ausdruck betrifft, einen klar begrenzten Bereich, innerhalb dessen freilich alle Möglichkeiten ausgeschöpft werden sollen. Die Darsteller müssen sich darauf konzentrieren, die Empfindungen der Figuren dadurch auszudrücken, wie sie sich setzen, wie sie blicken. Wenn sie fröhlich oder traurig sind, dürfen sie das nur mit den Augen zu verstehen geben. Schauspieler, die herumzappeln, gestikulieren, schreien und dramatisch die Augen rollen, kann ich nicht ausstehen. Was ich von der Schauspielerei verlange, ist das Gegenteil, und das Publikum geht darauf ein und lernt, auf Kleinigkeiten zu achten. Ich habe lauter Filme gemacht, in denen nie eine Figur geschrien hätte. Nur in *Leningrad Cowboys* regt sich der Manager auf, als er die Band beschimpft, und in meinen Filmen rennt auch niemand.

Liebesszenen gibt es auch nie.

Nein. Im Drehbuch zu *I Hired a Contract Killer* sieht man ihn und sie von der Wohnungstür aufs Schlafzimmer zugehen, die Kamera folgt ihnen und möchte mit hineingehen, aber da wird dem Objektiv die Tür vor der Nase zugeschlagen. Liebesszenen überlasse ich lieber Hollywood, die scheinen sich nur darauf verlegt zu haben. Und alle diese Szenen scheinen immer dieselbe zu sein, ich glaube, die haben einen festen Bestand, aus dem sie sich jedesmal bedienen. Wenn ich mir einen Film ansehe, und dann kommt die Liebesszene, wird's mir immer peinlich, und ich glaube, dem übrigen Publikum geht's genauso. Das sind private Situationen, und ich habe keine Lust, den Voyeur zu spielen. Solche Szenen nenne ich Produzentenszenen, die müssen da sein, um dazusein. Man kann sehr erotische Filme machen – ich mach die nicht, aber man kann sie machen – ohne diese ganzen Schlafzimmer-Inszenierungen. Die großen Meister wie Buñuel hatten diese idiotischen Sexszenen nie nötig, die verstanden es, erotische Filme zu drehen, ohne daß sich je jemand ausgezogen hätte. Aber diese Regie-Dilettanten von heute haben nicht genug Talent und greifen deshalb zu solchen Mätzchen. Das hat mit klassischem Kino nichts mehr zu tun, ihre Filme sind keine Klassiker.

Was ist ein klassischer Film?

Die Klassiker der Filmgeschichte sind solche, die in traditioneller Manier eine Geschichte erzählen, traditionelle Geschichten, in alter Manier erzählt: wenige und einfache Kamerabewegungen, schmucklose Bilder, guter Schnitt ... das ist für mich klassisches Kino. Und Geschichten erzählen. Der Großteil der Regisseure hat diese Fähigkeit vergessen oder verlernt. Diese Veränderung hat um etwa 1962 stattgefunden, und selbst die großen Meister haben angefangen, schlechte Filme zu machen, weil man in den sechziger Jahren versucht hat, das Kino in gewissem Sinn zu revolutionieren, aber vielleicht ist das nur Godard wirklich gelungen. Alle andern haben weiter nichts gemacht, als das klassische Kino zu zerstören und um sich herum das Nichts, die bloßen Ruinen zu hinterlassen.

Dann hast du also für die nouvelle vague *nicht viel übrig?*

Doch, die gefällt mir, einige ihrer Filme gefallen mir, aber der Großteil der Regisseure ist nur der Mode gefolgt und hat dabei nichts geschaffen und alles verloren. Einige Filme von Godard sind Meilensteine in der Geschichte des Kinos, aber über seine neueren Filme möchte ich kein Urteil abgeben. Ich bringe es nicht fertig, sie mir anzusehen, denn jetzt ist keine Spur von einer Geschichte mehr da, und ein Film ohne Geschichte interessiert mich überhaupt nicht. Das ist ganz und gar langweilig, wie auch Kunstfilme. Wenn ich den Verdacht habe, daß etwas ein Kunstfilm wird, verlasse ich augenblicklich den Saal. Ein Film kann Kunst sein, aber das ist eine Frage der Zeit, darüber wird die Geschichte entscheiden. Wenn einer sich vorsätzlich bemüht, ein Kunstwerk hervorzubringen, wird ihm dies nie gelingen. Er wird dabei unweigerlich scheitern.

Somit ist ein Film zuallererst einmal eine Geschichte?

Ja. Deshalb gefallen mir auch die ersten Filme von Tarkowski, wie *Iwans Kindheit* und *Andrej Rubljow,* aber von *Der Spiegel* an war ich nicht mehr imstande, ihnen zu folgen. Eines Tages wollte ich mir *Nostalghia* ansehen, mein Geisteszustand war absolut normal, ich hatte gut geschlafen und fühlte mich prima, ich war auch nicht besoffen, und doch konnte ich nicht vermeiden, daß der Film mich eingeschläfert hat. Ich habe gegen die Müdigkeit angekämpft, aber der Rhythmus von *Nostalghia* hat mich fertiggemacht, und ich bin eingeschlafen. Dasselbe geschah, als ich versuchte, den Film im Fernsehen anzuschauen. Dieser Film muß etwas Hypnotisierendes an sich haben. Diese ganzen Szenen mit einem Mann im Nebel und dann im Wasser, für mich ist das bloße pseudo-künstlerische Prätention. Das Publikum geht hin und zahlt, aber ich gehöre nicht zu diesem Publikum. Trotzdem gefällt mir Tarkowski, weil er am selben Tag wie ich geboren ist, wenn auch nicht im selben Jahr. Das hab ich festgestellt, wie er gestorben ist und man mich gebeten hat, für den Rundfunk eine Gedenkrede über ihn zu schreiben, aber die hab ich dann doch nicht geschrieben, weil mir seine letzten Filme nicht gefallen haben.

Gewöhnlich arbeitest du immer mit denselben Schauspielern zusammen.

So viele gute Schauspieler gibt es in Finnland gar nicht, und bis andere mich überzeugt haben und sich meinen Geschichten gut anpassen können, wieso sollte ich da wechseln? Sicher, jetzt, wenn ich nach London gehe, um *I Hired a Contract Killer* zu drehen, werde ich mit englischen Schauspielern zusammenarbeiten, aber als Hauptdarsteller hab ich Jean-Pierre Léaud verpflichtet. Der ist natürlich Franzose, aber auch seine Figur in meinem Film ist Franzose, also wird sich seine Art, Englisch zu reden mit einem starken französischen Akzent, mit der Geschichte des Films gut vertragen. Und in meinem Filmprojekt *Scènes de la vie de Bohème* wird einer meiner langjährigen Schauspieler die Hauptrolle haben, Matti Pellonpää, der Müllmann aus *Varjoja paratiisissa*. Matti spricht kein Wort Französisch, aber er hat ein großes Talent für Sprachen, auch wenn er sie nicht beherrscht. Er kann jede beliebige Sprache perfekt nachahmen: Er hört sich einen Satz an und gibt ihn dann eins zu eins wieder, nur aufgrund der Laute. Mal sehen, was passiert.

Binnen wenigen Jahren hast du gut zehn Filme gedreht. Du arbeitest sehr schnell.

Einen Film zu machen ist derart langweilig, daß ich mich nicht monatelang damit aufhalten will, das könnte ich gar nicht ertragen. Das erste Mal, wenn du einen Film drehst, ist alles sehr aufregend, aber danach ist es nur noch eine Arbeit. Dreharbeiten mag ich wirklich nicht, aber es macht mir Spaß, Musik unter die Bilder zu legen, das ja. Das ist die einzige Phase einer Filmproduktion, die mir wirklich gefällt. Auch das Schreiben geht mir gegen den Strich, darum schreibe ich meine Geschichten in höchstens einer Woche. Und das Schwierigste ist, wie man eine Geschichte anfängt. Das tu ich immer als Letztes, und dann schreib ich alles in einem Zug nieder. Ich bin ein Schnellschreiber, und mein Unterbewußtsein hat schon alles im voraus vorbereitet. Normalerweise reichen mir vierundzwanzig Stunden, um ein Drehbuch fertigzuschreiben, oder kaum mehr als das. Im Falle von *I Hired a Contract Killer* hingegen habe ich eine ganze Woche gebraucht, das war schwieriger. Wenn ich nicht dazu gezwungen bin, vermeide ich es, überhaupt ein Drehbuch zu schreiben, aber in diesem Fall wollte ich Geld von einer Fernsehgesellschaft, und die verlangte eine geschriebene Story.

Wieviel Zeit verwendest du auf die Dreharbeiten?

Ich könnte viel schneller drehen, aber ich halte mich zwischen sieben und dreißig Tagen. Das kommt natürlich auf den Film an, aber ein Monat ist wirklich die obere Grenze. Gewöhnlich ist von jeder Einstellung bereits die erste Aufnahme gut, bloß wenn es einen technischen Fehler gegeben hat, mach ich noch eine zweite. Einmal hab ich vier gemacht, aber nur weil da Autos auf der Straße mit dabei waren. Im Durchschnitt sind es, sagen wir mal, zwei.

Welche Filme hast du ohne Drehbuch gedreht?

Calamari Union und dann *Hamlet*. Für *Hamlet* schrieb ich es von einem Tag zum andern, oder genauer, von einer Stunde zur andern. Ich hatte ein kleines Zimmer über dem Filmset, in das ich nach jeder Szene hinaufrannte, um die Dialoge für die nächste zu schreiben, während die unten das Dekor herrichteten. Ich habe mich mehr oder weniger treu an Shakespeare gehalten, dann hab ich den Schauspielern die Dialoge ausgeteilt und ihnen eine halbe Minute gegeben, um sie zu lernen. Der Schauspieler, der Hamlet verkörpert, Pirkka-Pekka Petelius, ist ein Genie: Wenn man dem einen Text gibt, kann er ihn sofort auswendig, und es fällt ihm auch was ein dazu. Leider hat er sich heute aufs Geldverdienen verlegt, und so wird Hamlet seine einzige bedeutende Rolle in einem Film bleiben. Auch *Leningrad Cowboys* ist ohne Drehbuch entstanden, *Tulitikkutehtaan tyttö* ebenfalls. Für *Ariel* hatte ich ein Drehbuch, aber ich habe es nie verwendet, ich hatte es nur geschrieben, um das nötige Geld aufzutreiben. Ich hab den Anfang der Geschichte genommen, darauf hab ich etwa vierzig Filmminuten lang improvisiert und dann die Geschichte so abgeschlossen, wie sie geschrieben war.

Ist es heute leicht für dich, das Geld für einen Film aufzutreiben?

Ja. Denn ich habe mit Mika zusammen meine eigene Produktionsgesellschaft, Villealfa, und die technischen Einrichtungen, und ich kenne die Techniker, und wenn ich sie darum bitte, arbeiten die Leute auch gratis für mich. Das bedeutet natürlich, daß meine Filme billig sind, also kann ich sie auch sofort machen, ohne irgend jemanden um Vorfinanzierung bitten zu müssen. Zu bezahlen blieben einzig noch das Filmmaterial und die Entwicklungs- und Kopierkosten sowie die Nachbearbeitung, und das Geld dafür bekomm ich auf Kredit. Also brauch ich keinen Pfennig, um anzufangen, und hoffe dann einfach, das Budget wieder auszugleichen mit den Einspielergebnissen des Films, den wir selbst verleihen, mit unserer Firma.

Wie steht es mit dem internationalen Verleih? Wo hat man deine Filme gesehen?

In manchen Ländern balgen sich die Verleiher inzwischen um die Rechte für meine Filme. Das ist alles sehr schnell gekommen, jeden Tag ist es wieder etwas anders. Seit *Varjoja paratiisissa* sind meine Filme in Frankreich und Deutschland normal im Verleih, jetzt auch in London. In Japan streiten sich etwa vierzehn Verleiher um *Leningrad Cowboys*, und dieser Film wird, nach *Ariel*, auch in die USA verkauft werden, fragt sich nur noch, an wen.

Und in Finnland?

Dort zeig ich sie, weil es noch ein begrenztes Publikum gibt, das meine Filme sehen will. Zahlreich war es nie, und inzwischen ist es noch spärlicher als zuvor. Früher waren es 50 000 – 60 000 Zuschauer, heute ist es auf 20 000 – 30 000 zurückgegangen. Aber in Frankreich sieht sich im Grunde ja auch keiner Bressons Filme an. Als Produzent hol ich aus meinen Filmen in Spanien mehr Geld raus als in Finnland. Auch in den skandinavischen Nachbarländern interessiert sich eigentlich niemand für meine Filme. Aber so ist es immer: Wenn du in Finnland einen schwedischen Film zeigst, geht keiner hin, und bei einem finnischen Film in Schweden ist es noch schlimmer. Die denken, das kann ja nichts taugen, wenn's von da drüben kommt. Zwischen diesen Ländern gibt es viel Haß. Natürlich auch Liebe, denn wenn in einem Land etwas Schreckliches passiert, kommen die andern zu Hilfe, aber auf der Alltagsebene ist es eher Haß.

Zu deiner Berühmtheit hat auch beigetragen, daß deine Filme während der letzten drei Jahre im Forum des jungen Films der Berliner Filmfestspiele präsent waren.

Am Anfang war das gar nicht so. Ich war damals völlig deprimiert, weil ich niemanden dazu überreden konnte, meine Filme anzuschauen. Wer will schon einen finnischen Film sehen? Und so sind meine Filme, auch die von Mika, immer an der Filmmesse gezeigt worden. Das war deprimierend. Wir gingen immer nach Ostberlin, um zu saufen, und besuchten nie das Festival.

Um die Wahrheit zu sagen, bei meinem ersten Film, *Rikos ja rangaistus*, war die Sache etwas komplizierter. Der Film wurde offiziell in den Wettbewerb aufgenommen, und wir kriegten auch einen Brief, der das bestätigte, aber eine Woche vor Beginn des Festivals haben sie ihn plötzlich herausgenommen. Ich nehme an, daß da irgendein amerikanischer Film war, der noch mit reinmußte, und so haben sie sich gedacht, der erste Film, den wir aus dem Programm kippen, ist der finnische. Dasselbe ist mit *Ariel* passiert. Ich war zu freundlich gewesen und hatte ihn ihnen gezeigt, ich hatte mich dazu überreden lassen, ihn am Wettbewerb teilnehmen zu lassen, weil es für das finnische Kino von Bedeutung sein konnte, für die Filmförderung, die mich unterstützt hatte, und so fort ... Also hab ich den Verantwortlichen gesagt: Schön, wenn ihr ihn wollt, dann nehmt ihn eben. Aber dann, wenige Tage vor dem Festival, wurde *Ariel* ausgeschlossen. Ich laß mich nicht noch mal erwischen. Meine letzten Filme sind stets ins Forum gegangen, weil ich mich geweigert habe, sie im Wettbewerb einzusetzen. Ich habe die

Filmförderung davor gewarnt, den Verantwortlichen, die nach Finnland gekommen waren, meine Filme zu zeigen. Ich bin zu Ulrich Gregor gegangen und hab ihm gesagt, ich hätte da ein paar Filme, falls er interessiert sei. Und er hat sie genommen.

Du hast gesagt, daß Thru the Wire *postmodern sei. Vielleicht trifft das auch auf* Hamlet *zu.*

Ich habe dieses Wort gebraucht, aber ich verstehe es nicht. Ich habe die letzten fünf Jahre lang versucht, seine Bedeutung zu begreifen, aber es ist mir nicht gelungen. Trotzdem habe ich das Gefühl, daß *Thru the Wire* ein wenig postmodern ist. Ich habe auch in irgendwelchen französischen Kritiken gelesen, daß *Hamlet* postmodern sei, aber ich weiß es nicht. Was bedeutet dieses Wort? Sagt ihr es mir.

Etwa, wenn in Tulitikkutehtaan tyttö *das Mädchen in jenem Zimmer ist, zusammen mit einer Juke-Box und einem Billardtisch.*

Wieso sollte diese Szene postmodern sein? Die Juke-Box und der Billardtisch stehen nur da, um den Bruder zu charakterisieren, der da wohnt. Ich wollte in einer einzigen Einstellung etwas über seine Persönlichkeit aussagen. Wir wissen nicht viel über ihn, über sein Leben: Er arbeitet in einem Restaurant und lebt eine bestimmte Art von Leben. Die Juke-Box und der Billardtisch vermitteln dem Zuschauer Informationen. Und zudem erlaubte mir die Juke-Box, auf einfache Weise Musik in die Szene zu bringen, und half mir, sie ein bißchen länger dauern zu lassen. Denn ich mußte diesen Film so schneiden, daß jede Szene etwas länger dauerte, als ich es eigentlich hätte haben wollen. Sonst wäre der Film zu kurz geworden. Es war schwierig, auf siebzig Minuten zu kommen. Zwei Monate nach Abschluß der Dreharbeiten, während der Schnittphase, habe ich alle gebeten, nochmals auf den Drehplatz zurückzukommen, um ein paar zusätzliche Szenen zu drehen, aber ich wußte nicht, was ich noch drehen sollte, es gab nichts weiter zu sagen. Darum ist der Film zu kurz. Ich hab zwei, drei Szenen gedreht, aber ich habe sie nicht verwendet. Oder besser gesagt, ich habe die Szene, in der das Mädchen im Botanischen Garten ein Buch liest, und diejenige mit dem Mann im Restaurant hinzugefügt. Damit ist *Tulitikkutehtaan tyttö* über sechzig Minuten hinausgekommen.

In Tulitikutehtaan tyttö *zeigst du oft einen Fernseher, in dem Bilder der Ereignisse vom Tienanmen-Platz ablaufen. In deinen früheren Filmen gab es keine Fernseher.*

Was da in China passiert ist, hat mich zutiefst schokkiert. Das alles geschah, während ich den Film drehte. Ich hatte mir noch nicht genau überlegt, was ich im Fernseher verwenden sollte, ich dachte vage an Nachrichten. Dann haben sich jene Vorfälle ereignet, und so habe ich die Kamera vor den Fernseher gestellt und die Nachrichten aufgezeichnet, jeden Tag. Nun habe ich sie verwendet, und die Wirkung ist recht eigenartig, da die Schauspieler gar nicht wußten, was sie sich da angeblich anschauten, als wir ihre Szenen drehten, und so haben ihre Reaktionen keinen Zusammenhang mit diesen Bildern. Ich fand jedoch, daß es trotzdem gut paßte, und ich habe diese Bilder belassen, weil ich nicht will, daß die Leute vergessen, was da geschehen ist. Fernsehnachrichten gehen vorbei, verschwinden und werden vergessen. Bleiben die Geschichtsbücher, aber die haben keine Bilder. Mein Film wird in einem Archiv verwahrt werden, und wer ihn sieht, der wird auch diese Bilder sehen. Ich habe das getan, um ein Dokument dieser Ereignisse zu bewahren. Zumindest für jene zehn, oder wenn ich Schwein habe, fünf Personen, die meinen Film in dreißig Jahren noch anschauen werden.

Tulitikkutehtaan tyttö *ist wie die anderen Filme der Trilogie: ein trauriger Film, aber die Leute darin sind irgendwie glücklich.*

Das Ende von *Tulitikkutehtaan tyttö* ist, wie ich es sehe, nicht ein trauriger Schluß. Jedenfalls gelingt es dem Mädchen, sich der Gesellschaft zu entledigen – wenigstens im Kopf, nicht physisch –, und das ist gut. Es amüsiert mich, wie die Zuschauer reagieren: Wenn ich jemanden, der den Film gesehen hat, bitte, mir die Geschichte zu erzählen, sagen mir alle: Das Mädchen hat vier Menschen umgebracht und wird von Polizisten ins Gefängnis gebracht. Das ist aber nicht, was ich gesagt habe, ich habe nie gesagt, daß sie sterben, ich habe nie gesagt, daß das Polizisten sind. Ich kann sagen, das sind ihr Onkel und sein Sohn, die sie für ein Picknick aufs Land mitnehmen. Ich habe nie jemanden tot gezeigt. Das ist in euren Köpfen. Und so wenig Rattengift bringt ohnehin niemanden um. Aber ich denke schon, daß sie sterben. Ich hoffe, daß sie sterben.

So, jetzt habe ich zuviel geredet... und zuviel geraucht.

Mit Aki Kaurismäki sprachen Bruno Fornara und Francesco Bono anläßlich der Berlinale 1990. Das Interview wurde aus dem Englischen und Italienischen übersetzt von Michel Bodmer.

AKI KAURISMÄKI, geboren 1957, aber...
Mehr will der finnische Drehbuchautor, Regisseur und Produzent von seiner Biographie nicht publiziert sehen, dennoch hat er in dem langen Interview im Anhang der Buchausgabe von *I Hired a Contract Killer* eine Menge Details erzählt.

Eigene Filme: *Saimaa-ilmiö* (Das Saimaa-See-Syndrom, Rock-Dokumentarfilm, Co-Regie 1981) – *Rikos ja rangaistus* (Schuld und Sühne, 1983) – *Calamari Union* (1985) – *Varjoja paratiisissa* (Schatten im Paradies, 1986) – *Rocky VI* (Kurzfilm, 1986) – *Hamlet liikemaailmassa* (Hamlet Goes Business, 1987) – *Thru the Wire* (Kurzfilm, 1987) – *Ariel* (1988) – *Leningrad Cowboys Go America* (1989) – *Likaiset kädet* (Die schmutzigen Hände, Fernsehfilm 1989) – *Tulitikkutehtaan tyttö* (Das Mädchen aus der Streichholzfabrik, 1989) – *I Hired a Contract Killer* (1990).

Als Produzent: *Macbeth* (von Pauli Pentti, 1987) – *Tilinteko* (von Veikko Aaltonen, 1987) – *Sirpii ja kitara* (From Russia with Rock, von Marjaana Mykkänen, 1988).

HAFFMANS
TASCHENBÜCHER

könnten Sie auch lesen

HEINZ LUDWIG ARNOLD
Schriftsteller im Gespräch I & II
HTB 93 und 94

JULIAN BARNES
Als sie mich noch nicht kannte
Roman HTB 96

Flauberts Papagei
Roman HTB 26

ULI BECKER
Meine Fresse!
Gedichte HTB 66

**SVEN BÖTTCHER/
KRISTIAN KLIPPEL**
Mord zwischen den Zeilen
Ein Störmer-Krimi HTB 118

DANIIL CHARMS
Fälle
Szenen Gedichte Prosa HTB 17

**JOHN CLEESE/
CHARLES CRICHTON**
Ein Fisch namens Wanda
Drehbuch mit Fotos HTB 38

PHILIP K. DICK
Erinnerungen en gros
Science-Fiction-Geschichten HTB 58

HUGO DITTBERNER
Das Internat
Papiere vom Kaffeetisch HTB 29

SIR ARTHUR CONAN DOYLE
Eine Studie in Scharlachrot
Sherlock-Holmes-Romane I HTB 37

Das Zeichen der Vier
Sherlock-Holmes-Romane II HTB 59

Der Hund der Baskervilles
Sherlock-Holmes-Romane III HTB 34

Das Tal der Angst
Sherlock-Holmes-Romane IV HTB 60

**Sämtliche
Sherlock-Holmes-Romane**
in Kassette
HTB 90006

BERND EILERT
Eingebildete Notwehr
Kriminalroman HTB 42

Humoore
Hochkomik I. Herausgegeben von
Bernd Eilert HTB 101

Scherzgebirge
Hochkomik II. Herausgegeben von
Bernd Eilert HTB 102

Schiefebenen
Hochkomik III. Herausgegeben von
Bernd Eilert HTB 103

Die 701 peinlichsten Persönlichkeiten
Beiträge zur Sozialhygiene.
Herausgegeben von Bernd Eilert.
Mit Jahresblättern von Hilke Raddatz
HTB 65

**BERND EILERT/
ROBERT GERNHARDT/
PETER KNORR/OTTO WAALKES
Otto - Der Film**
Drehbuch mit Farbfotos HTB 83

Otto - Der Neue Film
Drehbuch mit Farbfotos HTB 84

Otto - Der Heimatfilm
Drehbuch mit Farbfotos
HTB 85

**FRIEDER FAIST
Schattenspiele**
Ein Kriminalroman
aus deutscher Provinz HTB 35

**ROBERT GERNHARDT
Gedanken zum Gedicht**
Thesen zum Thema
HTB 100

Glück Glanz Ruhm
Erzählung Betrachtung Bericht
HTB 67

Ich Ich Ich
Roman HTB 2

Kippfigur
Dreizehn Erzählungen HTB 32

Letzte Ölung – Wie es anfing
Ausgesuchte Satiren I HTB 24

Letzte Ölung – Wie es weiterging
Ausgesuchte Satiren II HTB 25

Die Toscana-Therapie
Schauspiel HTB 12

Wörtersee
Gedichte HTB 44

**ROBERT GERNHARDT/
F.W. BERNSTEIN
Hört, hört!**
Das WimS-Vorlesebuch HTB 51

**MAX GOLDT
Die Radiotrinkerin**
Ausgesuchte schöne Texte. Mit
einem Vorwort von Robert Gernhardt
HTB 112

**PETER GREENAWAY
Der Koch, der Dieb, seine Frau und
ihr Liebhaber**
Drehbuch mit Farbfotos
HTB 57

Prosperos Bücher
Drehbuch mit Farbfotos
HTB 107

**GISBERT HAEFS
Und oben sitzt ein Rabe**
Ein Matzbach-Krimi HTB 9

Das Doppelgrab in der Provence
Ein Matzbach-Krimi HTB 13

Mörder und Marder
Ein Matzbach-Krimi HTB 19

**MARTIN HENKEL / ROLF TAUBERT
Versteh mich bitte falsch!**
Zum Verständnis des Verstehens
HTB 111

**ECKHARD HENSCHEID
Dolce Madonna Bionda**
Roman HTB 27

**Franz Kafka verfilmt seinen
›Landarzt‹**
Erzählung HTB 5

**Hoch lebe Erzbischof Paul Casimir
Marcinkus!**
Ausgewählte Satiren und Glossen
HTB 70

Standardsituationen
Fußball-Dramen
HTB 10

Was ist eigentlich der Herr Engholm für einer?
Ausgewählte Satiren und Glossen
HTB 50

Wie man eine Dame verräumt
Ausgewählte Satiren und Glossen
HTB 95

Die Wurstzurückgehlasserin
Sieben Erzählungen
HTB 20

GEOFFREY HOUSEHOLD
Einzelgänger, männlich
Verfolgungs-Thriller
HTB 43

NORBERT JOHANNIMLOH
Appelbaumchaussee
Geschichten vom Großundstarkwerden HTB 23

RICHARD KÄHLER
Teddy's Trends
Die abenteuerlichen Aufzeichnungen des jungen Teddy Hecht während der achtziger Jahre. Mit einem Vorwort von Eckhard Henscheid HTB 68

AKI KAURISMÄKI
I Hired a Contract Killer
oder Wie feuere ich meinen Mörder?
Drehbuch mit Farbfotos und einem ausführlichen Interview HTB 108

DAN KAVANAGH
Duffy
Kriminalroman HTB 7

Vor die Hunde gehen
Ein Duffy-Krimi HTB 36

EGBERT KIMM
Das Mörderquartett
Krimi HTB 40

HERMANN KINDER
Du mußt nur die Laufrichtung ändern
Erzählungen HTB 11

Kina Kina
Eine Geschichte HTB 52

Der Schleiftrog
Erziehungs-Roman HTB 28

HANNS KNEIFEL
Angriff aus dem All
Raumpatrouille ORION I HTB 72

Planet außer Kurs
Raumpatrouille ORION II HTB 73

Die Hüter des Gesetzes
Raumpatrouille ORION III HTB 79

Deserteure
Raumpatrouille ORION IV HTB 80

Kampf um die Sonne
Raumpatrouille ORION V HTB 90

Die Raumfalle
Raumpatrouille ORION VI HTB 91

Invasion
Raumpatrouille ORION VII HTB 92

Raumpatrouille ORION
Alle 7 Abenteuer in einem Band
HTB 90014

Das brennende Labyrinth
Science-Fiction-Roman HTB 41

CONNY LENS
Die Sonnenbrillenfrau
Ein Steeler-Straße-Krimi HTB 74

Ottos Hobby
Ein Steeler-Straße-Krimi HTB 75

Casablanca ist weit
Ein Steeler-Straße-Krimi HTB 104

KARL MAY
Durch die Wüste
Reiseerzählung HTB 78

Durchs wilde Kurdistan
Reiseerzählung HTB 86

Von Bagdad nach Stambul
Reiseerzählung HTB 87

In den Schluchten des Balkan
Reiseerzählung HTB 88

Durch das Land der Skipetaren
Reiseerzählung HTB 89

Der Schut
Reiseerzählung HTB 76

Die Orient-Romane
in Kassette
HTB 90015

Am Rio de la Plata
Reiseerzählung HTB 113

In den Cordilleren
Reiseerzählung HTB 114

Der Schatz im Silbersee
Erzählung HTB 53

Das Vermächtnis des Inka
Erzählung HTB 77

»Weihnacht!«
Reiseerzählung HTB 54

Winnetou I
Reiseerzählung HTB 55

Winnetou II
Reiseerzählung HTB 115

GERHARD MENSCHING
Der Bauch der schönen Schwarzen
Krimi HTB 15

Löwe in Aspik
Ein lustvoller Roman HTB 8

Rotkäppchen und der Schwan
Drei erotische Humoresken HTB 106

MONTY PYTHON
Das Leben Brians
Drehbuch mit Fotos und zusätzlichen Szenen HTB 109

WOLF v. NIEBELSCHÜTZ
Der Blaue Kammerherr

Band I: Der Botschafter der Republik
HTB 61

Band II: Der Reichsgraf zu Weißenstein
HTB 62

Band III: Der Herzog von Scheria
HTB 63

Band IV: Die Bürgerin Valente
HTB 64

Der Blaue Kammerherr
Galanter Roman in vier Bänden in Kassette HTB 90007

Die Kinder der Finsternis
Roman HTB 33

FLANN O'BRIEN
In Schwimmen-zwei-Vögel
Roman HTB 98

DOROTHY PARKER
Close Harmony oder Die liebe Familie
Schauspiel HTB 47

Die Geschlechter
New Yorker Geschichten HTB 22

Ladies im Hotel
Schauspiel HTB 71

Eine starke Blondine
New Yorker Geschichten HTB 18

HANS PLESCHINSKI
Nach Ägyppten
Ein moderner Roman HTB 105

Pest und Moor
Ein Nachtlicht HTB 14

EDGAR ALLAN POE
Die Detektivgeschichten
Deutsch von Hans Wollschläger
HTB 39

GERHARD POLT/
HANNS CHRISTIAN MÜLLER
Der Bürgermeister von Moskau
Drehbuch mit Bildern HTB 45

Man spricht deutsh
Drehbuch mit Bildern HTB 3

PETER RÜHMKORF
Kleine Fleckenkunde
Lyrische Klecksographie HTB 56

ARNO SCHMIDT
Fouqué und einige seiner Zeitgenossen
Biographischer Versuch
HTB 1

KARLA SCHNEIDER
Der Knabenkrautgarten
Liebes- und Abenteuergeschichten
HTB 48

MARGIT SCHREINER
Die Rosen des Heiligen Benedikt
Liebes- und Haßgeschichten
HTB 46

WOLFGANG SCHWEIGER
Eine Sache unter Freunden
Krimi HTB 117

FRITZ SENN
Nichts gegen Joyce
Joyce versus Nothing.
Aufsätze 1959–1983 HTB 110

JOSEPH v. WESTPHALEN
Moderne Zeiten I & II
Blätter zur Pflege der Urteilskraft
HTB 30 und 31

Warum ich Monarchist geworden bin
Zwei Dutzend Entrüstungen
HTB 6

Warum ich trotzdem Seitensprünge mache
Fünfundzwanzig neue Entrüstungen
HTB 97

HARALD WIESER
Von Masken und Menschen I
Portraits und Polemiken HTB 81

Von Masken und Menschen II
Essays und Affairen
HTB 82

ROR WOLF
Das nächste Spiel ist immer das schwerste
Alte und neue Fußballspiele HTB 69

HANS WOLLSCHLÄGER
In diesen geistfernen Zeiten
Konzertante Noten zur Lage
der Dichter und Denker
HTB 4

»Tiere sehen dich an« oder
Das Potential Mengele
Essay HTB 49

DIETER E. ZIMMER
Die Elektrifizierung der Sprache
Über Sprechen, Schreiben,
Computer, Gehirne und Geist
HTB 99

Redens Arten
Neudeutscher Sprachgebrauch
HTB 21

So kommt der Mensch zur Sprache
Ergebnisse der Sprachforschung
HTB 16

FRANK T. ZUMBACH
Galgenblüten
Aus dem Newgate Calendar
gepflückt von Frank T. Zumbach
HTB 116